Das neue Bekenntnis · Wege zum Credo

Kurt von Wistinghausen

Das Neue Bekenntnis

Wege zum Credo

Urachhaus

CIP-Kurztitelaufnahme der Deutschen Bibliothek

Wistinghausen, Kurt von:

Das neue Bekenntnis : Wege zum Credo /
Kurt von Wistinghausen. – 2., bearb. Aufl. –
Stuttgart : Urachhaus, 1983.
ISBN 3-87838-136-0

ISBN 3 87838 136 0

Satz und Druck der Offizin Chr. Scheufele, Stuttgart.

Inhalt

Vorwort

Die Christengemeinschaft kennt keine Dogmen und keine Verpflichtung auf ein Bekenntnis. Darauf werden wir in der vorliegenden Darstellung noch zurückkommen. Gerade weil sie durch die gemeinsam vollzogene Kultushandlung, also durch ein christliches verinnerlichtes *Tun*, ihren Zusammenhalt erfährt, gibt sie Weltanschauung und Überzeugung völlig frei. Diese Haltung dürfte, in der Geschichte der christlichen Kirchengemeinschaften erstmalig eingenommen, als ein besonderes Kennzeichen dieser Erneuerungsbewegung dastehen. Es erwächst aus ihr jene überkonfessionelle Kirche, »der alle angehören, die die heilbringende Macht des Christus empfinden«. Dennoch hat die Christengemeinschaft ein Wort für Wort sorgsam neu formuliertes Bekenntnis, das inhaltlich den überlieferten Formen des altchristlichen Credo entspricht. Es ist Bestandteil des täglichen Gottesdienstes, dem es als Glaubensaussage der Beteiligten, seien sie Priester oder »Gläubige«, eingeschaltet ist. Wodurch kann es – ohne von irgend jemand ausdrücklich persönlich »abgegeben« zu sein – eine solche Aussage bilden? – Dadurch, daß es dem christlichen Glauben eine Richtung vorzeichnet und ein Urbild gibt, in welchem der einzelne seine eigene Überzeugung erhöht und geklärt wiedererkennen und in das er mit ihr mehr und mehr hineinwachsen kann. Er geht dabei nicht vom Wortlaut als von etwas ihm Aufgegebenem aus, sondern er setzt sich zum Ziel, einmal in Zukunft voll bekennen zu dürfen, was er vielleicht zunächst nur bruchstückweise erkennt. Im Bilde gesprochen: in die Wortfolge des Bekenntnisses können wir eintreten, wie man in ein erhabenes Kirchengebäude eintritt, um sich zu besinnen, seine Gedanken zu klären und – um zu beten. Der Bau nötigt zu nichts, aber er hilft der Vertiefung.

Sobald das Bekenntnis nicht als die verlangte Voraussetzung, sondern als das Ziel der religiösen Erkenntnis aufgefaßt wird, läßt es den Menschen frei. Es eignet sich nicht zum Gegenstand eines »blinden« Glaubens. Vielmehr regt es durch seinen neuen Wortlaut die Kräfte der Seele an, sich zu entfalten.

Das Bekenntnis ist Bestandteil der Menschenweihehandlung und trägt dadurch Gebetscharakter. Es kann mit der Gemeinschaft gebetet werden. Es kann aber auch – da es dem einzelnen Christen dem Wortlaut nach zugänglich ist – dem persönlichen Gebetsleben dienen.

Das schließt nicht aus, daß es auch gedanklich – von vielen Seiten her – Schritt für Schritt erarbeitet werden kann. Immer wieder hat sich gerade nach dieser Richtung hin ein lebendiges Bedürfnis gezeigt. Einer Zeit, der ein unmittelbares Schauen und Erleben des Göttlichen zumeist nicht gegeben ist und die sich mit leidenschaftlichem Interesse den Naturdingen und der äußeren Welt hingibt, wird der Zugang zu den religiösen Tatsachen auf anderem als denkerischem Wege nur selten möglich sein. Es kommt dabei darauf an, daß die Gedanken über die religiösen Wahrheiten nicht intellektuell bleiben – dann reichten sie nie an deren Substanz heran –, sondern sich selbst bereit machen, aufzusteigen in die echte Bilder- und Wortwelt des Geistes. Dort vereinigen sie sich mit der Andacht des Gefühls und dem zielvollen Willen zu ganzmenschlichem Seelenstreben.

Die hier dargebotene Betrachtung zu den einzelnen Themen und Sätzen des Bekenntnisses ist ein Versuch, in solchen Bemühungen Hilfe zu leisten. Es wird nicht vom Text ausgegangen, dem eine Interpretation hinzugefügt würde, erst recht nicht etwa *die* Erklärung der Christengemeinschaft. Es gibt, wie gesagt, viele Wege zur Einführung in die Welt des Glaubens. Wir gehen von Beobachtungen des Lebens und von Gedanken aus und arbeiten uns an die hohen Wahrheiten heran. Deshalb stellen wir die einzelnen Sätze des Bekenntnisses nicht voran, sondern jeweils an den Schluß des Kapitels. – Der Wortlaut wird am Ende des Buches in seinem Zusammenhang wiederholt.

Beim Vergleich mit den einzelnen Sätzen des überlieferten kirchlichen Bekenntnisses beschränken wir uns auf das Apostolikum, das sowohl dem von katholischer wie dem von evangelischer Seite herkommenden oder orientierten Leser vertraut sein wird. – Auf die anderen altchristlichen Bekenntnis-Wortlaute einzugehen, ist hier nicht der Platz.

Obgleich das Bekenntnis in der Christengemeinschaft nicht mit den Worten »Ich glaube« (Credo) beginnt, im strengen Sinne also auch nicht als ein »Credo« aufgefaßt werden kann, bedienen wir uns doch auch der Bezeichnung »Credo« für unser Bekenntnis, da sie kurz und eindeutig die christliche Tradition von neuem Ausgangspunkt her aufgreift. Wir sind uns aber des Unterschiedes, über den wir noch zu sprechen haben, gerade aus Anlaß der Bezeichnung voll bewußt.

»Wer saget ihr, daß ich bin?«

Religiöse Erfahrungen sind andrer Art als gedankliche Erkenntnisse. Sie reden einen an. Sie richten auch ohne alle Worte an den Menschen das Wort: Wie stellst du dich dazu? Die Botschaft von Christus, wie sie uns im Evangelium entgegentritt, enthält im Grunde stets die Frage: »Und wer saget *ihr*, daß Ich sei?«, jene Frage, die einst Christus seinen Jüngern stellte. Die Ereignisse des Christus-Geschehens sind so groß, so unerhört, so umwälzend, daß der Mensch auf die Dauer nicht einfach Zuhörer und Zuschauer bleiben kann. Sie erwecken den Willen. Und so entringt sich der Seele des Petrus die notwendige Antwort: »Du bist Christus, des lebendigen Gottes Sohn!« (Matthäus 16, 16). Sie war das erste christliche Bekenntnis.

Im Frühchristentum durfte an der »Katechumenenmesse«, dem ersten Teil des christlichen Gottesdienstes, jedermann teilnehmen, auch der noch nicht Getaufte und voll Überzeugte, auch der Heide. Sie bestand aus kultischer Einleitung und Verlesung des Evangeliums, unter Umständen einer Predigt. Danach mußten die Ungetauften den Raum verlassen; es folgte der Teil des Gottesdienstes, den die überzeugten Christen miteinander feierten. Er begann mit einem Bekenntnis – eben der Antwort des Christen auf die stille Frage des verkündeten Evangeliums. Einer Antwort, die an Kraft und Hingabe der des Apostels Petrus bei Cäsarea Philippi glich.

Das Urchristentum konnte und wollte keinen Ungetauften in die Lage bringen, etwas bekennen zu sollen, was er noch kaum verstehen konnte. Die Antwort des langsam begreifenden Menschenherzens mußte heranreifen. Deshalb gab es die geteilte Messe-Feier, ja gesonderte Räume im Kirchenbau für die Katechumenen. Heute ist die aus der Gegenwart neu geborene urchristliche Feier als Menschenweihehandlung ein Ganzes, für jedermann von Anfang bis zum Schluß zugänglich. Aber die gleiche Zurückhaltung wird geübt. Niemand muß die Antwort auf die große Frage des Christentums geben, dem sie nicht schon reif über die Lippen kommt. Jeder wird von jeglichem Bekenntniszwang freigehalten. Der Priester legt zum Zeichen der Lehr- und Bekenntnisfreiheit die Stola, das Zeichen seiner Priesterwürde, ab, wenn er sich anschickt, das Bekenntnis zu sprechen.

Seine Stellung hat das Credo innerhalb der Menschenweihehandlung jedoch genau dort, wo die bekennende Antwort des christlichen Menschen fällig wird, nämlich nach der Verlesung des Evangeliums. Auch heute spricht uns aus allen das Jahr über im Kultus gehörten Evangelien-Abschnitten die stille Frage zu: »Wer saget ihr, daß Ich bin?«

Zunächst mag das Credo (Bekenntnis) genommen werden wie eine Mitteilung des Glaubensinhaltes des Christentums. Es enthält in seinen zwölf kurzen Sätzen die Weltweisheit, die die Christenheit sich errungen hat. Man lernt sie kennen, man studiert sie und vergleicht den Wortlaut vielleicht mit dem des historisch überlieferten »Apostolikums«, dem er in neuer Geist-Sprache entspricht. Die Weisheit von Gott dem Vater, die Kunde von Gott dem Sohne, die Hoffnung auf den Heiligen Geist sind als Inhalt unseres Glaubens hier zusammengeronnen. Wir lernen an Hand dieser Sätze das Christentum überhaupt kennen.

Auch der Konfirmand lernt im Unterricht, was der Christenglaube enthält. Wird der erwachsene Christ zu keinem Bekenntnis genötigt, so erst recht nicht der jugendliche. Wie sollte ein Vierzehnjähriger die im Credo zusammengefaßten höchsten Wahrheiten schon voll ermessen können? Er lernt sie anfangsweise kennen. Das ganze Leben liegt vor ihm, um sie abzuschreiten und in sich aufzunehmen. Wie viele Menschen unserer Zeit hat der frühe Bekenntniszwang den Kirchen, ja dem Christentum entfremdet! Das macht die Konfirmation der Christengemeinschaft so groß und frei, daß durch die Feierstunde auch keine Spur einer »Bindung« ausgeübt, sondern nur die Freude an künftigem Erkennen und beginnendem Bekennen geweckt wird.

Der getaufte und konfirmierte Zugehörige zur Christengemeinschaft vollzieht aber von sich aus einen Schritt weiter, nämlich dann, wenn er auf die neue Botschaft von Christus innerlich frei und kräftig zu antworten beginnt. Das geschieht vielfach dann, wenn er sich aus aktivem Entschluß meldet, um als Mitglied Mitträger der Erneuerungsbewegung zu werden. Was ist vorgegangen? Gedanklich aufgenommene Erkenntnisse über Gotteswelt und Erdengeschick haben begonnen, sich in etwas umzubilden, was nicht nur das Verstehen beschäftigt, sondern gleichermaßen Herz und Wille. Erkenntnis fing an reif zu werden zum Bekenntnis. – Es kam nun auch der Augenblick, in welchem mit seiner Anerkennung als Mitglied der neu zum bewußten Christen gewordene Mensch von Hand zu Hand den Wortlaut des Credo empfing, um ihn im Laufe seines Lebens immer tiefer zu ergründen und zu bekennen.

Dieser Wortlaut ist so geartet, daß er nicht Mitteilung und Frage bleibt, sondern sich mit der Zeit, bei rechter Benutzung, umwandelt in jene willentliche menschliche Antwort, eben das Bekenntnis zum Christentum. Er beansprucht und erweckt den vollen Menschen. Und zwar einerseits ganz persönlich den einzelnen, andrerseits die Menschen in Gemeinschaft, so daß das persönliche Bekennen je nach Kraft und Möglichkeit in das große überpersönliche Bekennen der Christenheit einmündet. Deshalb kann ein Bekenntnis nicht persönlich-subjektiv formuliert sein. Es hat eine vom Geiste aus gegebene Sprache, eine im Weltall gegründete Ordnung, in die alles Persönliche einzufließen vermag. In der Weihehandlung klingt, wenn der Priester als Einzelmensch es am Altare hörbar für alle Anwesenden spricht, Überpersönliches und Persönliches in einem Akkord zusammen.

Von hier aus verstehen wir, wodurch auch in manchen der großen musikalischen Messen der Jahrhunderte gerade das Credo so besonders kraftvoll einherschreitet. Welche Bekenntnis-Kraft tönt doch aus den monumentalen C-Dur-Sätzen in Anton Bruckners berühmter f-Moll-Messe hervor: »Credo in unum Deum, Patrem omnipotentem« (Ich glaube an den einen Gott, den allmächtigen Vater).

Es gibt religiöse Geschenke des *Morgens.* Sie spenden uns Ahnungen höherer Erinnerung – wie wir sie manchmal aus geist-erfüllten Träumen in den Tag herübertragen. »Morgenglanz der Ewigkeit« umstrahlt uns, wenn wir recht *das Evangelium* hören. Denken wir nur an die Weihnachtsbotschaft oder eines der Gleichnisse Christi in ihrer großen Bildersprache.

Es gibt aber auch religiöse *Abend*-Offenbarungen an der Schwelle vom Tag zur Nacht: »Herr, es will Abend werden...« Sie wecken im Rückblick auf den verflossenen Tag dankbares Vertrauen, das Bewußtsein von Schuld und Versuchung und lehren uns das Beten. Wir sprechen das *Vaterunser.*

Schließlich gibt es religiöse Entschlüsse, die dem hellen Tag entsprechen. So wie wir tagsüber weder träumen noch überschauend sinnen, sondern unsere Fähigkeiten in den Dienst notwendiger Arbeit stellen, so weckt das Christentum im Licht seiner Sonne den Willen, für das Höchste einzustehen und Bekenner zu werden. Das *Glaubensbekenntnis* wird Christuslicht im Tageslicht.

Das Bekenntnis zum Vater

Das christliche Bekenntnis hat, wie wir sahen, den Charakter einer Antwort. Ehe es erfolgen kann, ist ihm etwas vorausgegangen. Nicht der Mensch hatte zuerst das Wort, sondern der Schöpfer, der – nach dem Johannesevangelium durch sein schaffendes »Wort« – die Welt und den Menschen ins Dasein gerufen hat. Wir könnten sagen: Die Schöpfung des Menschen ist ein großes Tat-Bekenntnis, nämlich das des Schöpfers zum Menschen. Jedes menschliche Bekenntnis kann nur die schwache, stammelnde Antwort auf diesen weltengroßen Vorgang sein. Aber im christlichen Sinne ist dennoch nicht ohne Bedeutung, ja sogar notwendig, daß es erfolgt. Ob wir alles Weltgeschehen, unser Leben, unser Bewußtsein, unser Ichwesen als Selbstverständlichkeit hinnehmen, oder ob wir ihren Ursprung in göttlichen Taten erblicken und uns diesem Schöpferwillen zuwenden – davon wird viel abhängen für unser eigenes Leben und für die Welt. Wenn aber ein Gotteswesen da ist, das uns gewollt hat und sich auch weiterhin zu uns Menschen bekennt, da es uns leben läßt, dann dürfen wir es als ein väterliches erkennen und uns ihm mit Vertrauen zu nahen suchen.

Der volle Glaube, das sicher auf Überzeugung gegründete Bekenntnis wird aber – wenigstens in unserer Zeit des bewußten Ringens – meist nicht der Ausgangspunkt des christlich-religiösen Lebens sein können; er ist vielmehr dessen Ziel und Ergebnis. Bevor das Christentum den *ganzen* Menschen ergreift – in seinem Denken, seinem Enthusiasmus und in seinem zielvollen Willen –, ist heute oft eine lange Entwicklung notwendig. In der Gegenwart, einer Zeit eben der Erneuerung des Christentums, muß ja die Religion von Grund auf neu errungen werden. Deshalb wird das Bekenntnis nicht mehr vorangestellt, es erwächst aber aus einem neuen christlichen Gebetsleben und Verstehen.

Damit hängt der grundlegend neue Stil des Bekenntniswortlautes in der Christengemeinschaft zusammen. Dieser beginnt nicht wie in den älteren Formen des Credo mit dem Wörtchen »Ich« oder der entsprechenden Verbform. Der persönlichen, gefühlsbetonten und willentlichen Aussage »Ich glaube an...« (credo in) stellt es die – wenn man so will – schlicht-sachliche Feststellung höchster umfassender Weltentatsachen gegenüber. Schon damit ist die Freiheit des Christenmenschen gegenüber dem Bekenntnis begründet. Er wird nicht von vornherein durch eine vom Wortlaut geforderte seelische Stellungnahme in Anspruch genommen. Der Wortlaut breitet die großen Weltwahrheiten vor seinem Wahrheitssinn aus – so wie die reiche Erdenwelt, die Schöpfung Gottes, vor seinen körperlichen Sinnen und seinem Verstand ausgebreitet liegen. Das andächtige Aufnehmen des Credo, das gedankliche, fühlende, wollende Eindringen in seine Weltweisheit erweckt dann allerdings auch persönliche Begeisterung.

So tritt dem »Ich« im alt-überlieferten Credo das

zunächst nüchtern klingende »Ist« des erneuerten Bekenntnisses zur Seite. Aber in dieser begrenzten, einfachen Stilform ruht ebenso ein die Menschheit bewegender Inhalt.

*

Wir wenden uns jetzt dem ersten Satze, dem vom Daseinsgrunde der Welt zu. Zurückhaltend und indirekt wird hier die Bezeichnung *Vater* verwendet. Nicht etwa, weil die Christengemeinschaft den »persönlichen Gott« nicht kennt, wie es von ihren Kritikern behauptet wird. Nein! Weil der Gebrauch des Gottesnamens Vater für die heutigen Menschen erst neu errungen werden muß und eine Kühnheit ohnegleichen darstellt. Sind wir uns denn dessen bewußt, wen wir da so »familiär« anreden, und daß wir uns eines Bildes – wenn auch eines Urbildes – bedienen, welches doch nur von Ferne auf die Wirklichkeit des Weltengrundes hinzudeuten vermag? Muß nicht das vom Christentum bisher so weit verbreitete Bild vom »lieben Gott« geradezu als eine ungeheure Naivität der Menschheit bezeichnet werden? Dieses zu kleine Vorstellungsbild hat in der Neuzeit nicht zu Unrecht den Anlaß gegeben, daß der Gottesglaube grundlegend angefochten wurde. Soll die neuere Menschheit den Glauben finden, so muß es einem größeren, umfassenderen Bilde weichen.

»Wer darf ihn nennen?
Und wer bekennen:
Ich glaub ihn!
Wer empfinden

Und sich unterwinden
Zu sagen: Ich glaub ihn nicht?
Der Allumfasser,
Der Allerhalter,
Faßt und erhält er nicht
Dich, mich, sich selbst?...«

So spricht in Goethes Faust der moderne Mensch und bringt damit das Streben zu einem größeren Gottesbild klassisch zum Ausdruck. Gilt das Bekenntnis Fausts auf die Frage Margarethes auch für eine christliche Auffassung? Gretchen allerdings zweifelt: »Das ist alles recht schön und gut; Ungefähr sagt das der Pfarrer auch... Steht aber doch immer schief darum; Denn du hast kein Christentum.« Sie muß anerkennen, daß das Bekenntnis Fausts unzweifelhaft groß und wahr, aber sie fühlt, daß es nicht vollständig ist. Was fehlt diesem faustischen Bekenntnis? Das Bewußtsein von Gott als einer überweltlichen, aber doch höchst persönlichen Wesenheit und dementsprechend ein persönliches Verhältnis des Menschen zu ihm. – Muß ein weltumfassender Gottesbegriff auf diese persönliche Note verzichten? Paßt sie in Fausts Bekenntnis nicht hinein? Geht dem modernen Denken mit Notwendigkeit das Vater-Erlebnis verloren?

Das Bekenntnis in der Christengemeinschaft zeigt, daß dies keineswegs der Fall sein muß. Es nennt Gott »ein allmächtiges...Gotteswesen«, den »Daseinsgrund der Himmel und der Erde« (die Mehrzahl »der Himmel« entspricht den Himmeln im griechischen Urtext der Evangelien). Gott wird als das umfassende Urwesen bezeichnet, das allem Leben, der gesamten Schöpfung »zugrunde liegt«. Aber er ist nicht nur das ewige Sein in allem Dasein. Er bricht mit der Schöpfung zu göttlich-persönlichem Tun auf und »geht« – wie das Credo sagt – »väterlich seinen Geschöpfen voran«. Gott zeigt sich hier bis in den Stil der Formulierung nicht nur als das majestätisch über der Welt thronende Objekt menschlichen Glaubens und als der einstige Schöpfer, sondern als der für die Welt auch jetzt ewig Tätige, der sich an die Spitze des gewaltigen Unternehmens Schöpfung gestellt hat und allen seinen Geschöpfen voranschreitet – eben *väterlich* voranschreitet, wie ein Vater, der den Seinen auf unbekannten Pfaden führend und verantwortungsvoll den Weg bahnt. Er hat die Welt-Initiative, das heißt er setzt den Anfang. Des Menschen Sache wird es hierbei, das ihm von Gott geschenkte Dasein nicht nur hinzunehmen, sondern sich der großen göttlichen Welt-Wanderung auch bewußt mit Geist und Seele anzuschließen.

Dabei klingt die weitere Bedeutung des »väterlichen Vorangehens« mit, nämlich die zeitliche. So wie ein Vater vor seinem Kinde da ist, ihm also »vorangeht«, so ist das väterliche Gotteswesen dagewesen, ehe die Welt noch bestand samt dem Menschen und allen Kreaturen. Gott ist stets der Ältere, der vor aller erst durch ihn bewirkten Zeit Seiende. Er hat das Primat. Feierlich sagt es der 90. Psalm:

»Ehe denn die Berge wurden und die Erde und die Welt geschaffen wurden, bist du, Gott, von Ewigkeit zu Ewigkeit.«

Auf welchem Wege findet der Mensch in der Regel

Gott als den *Vater*? Nicht etwa, indem er die Zukunft zu erfassen sucht, sondern indem er sich der Vergangenheit erinnert. Über die eigene hinaus der Welt-Vergangenheit. Sie ruht verborgen in uns selbst; daran gemahnt bis in physische Andeutungen die Tatsache, daß jedes Kind im Mutterleibe in Kürze noch einmal die großen Etappen der Menschheitsentwicklung durchläuft (biogenetisches Grundgesetz).* Tasten wir uns mit Bewußtsein in ihre Tiefen, so müssen wir letzten Endes Gott als den Vater der Menschheit und der Schöpfung finden. Unsere verzweiflungsvolle Schwäche, ja unsere Krankheit ist es, daß wir ihn »vergessen« haben. – Christus hatte ihn nicht vergessen, er wußte sich mit dem Vater Eins, wie besonders das Johannesevangelium lehrt. Das Weihnachtsfest zeigt uns über dem Christkinde den Vaterhimmel offen. Alles christliche religiöse Leben ist ein Aufbruch zur Wiederfindung Gottes als des Vaters. Religion heißt wörtlich: gewissenhafte Berücksichtigung (Gottes). –

Von hier aus kann uns die zunächst im Credo verwendete Bezeichnung »Daseinsgrund« verständlicher werden. Das Wort Grund hat im Deutschen zweierlei Bedeutung. Beide sprechen hier mit. Beim Wort »Daseinsgrund« empfinden wir einerseits den tiefen Grund und Boden, auf dem die Welt beruht, ihr wesenhaftes Fundament. Andrerseits aber klingt auch Grund im Sinne von Ursache mit. Der die Welt verursachende Vater-Geist wäre also

* Vgl. Erich Blechschmidt, »Sein und Werden. Die menschliche Frühentwicklung«. Stuttgart 1982, dazu aber auch Wolfgang Schad, »Die Vorgeburtlichkeit des Menschen. Der Entwicklungsgedanke in der Embryologie«, Stuttgart 1982. Beides im Verlag Urachhaus.

mit gemeint. Einmal ist es sprachlich mehr räumlich, dann aber auch zeitlich empfunden.

Das Bekenntnis in der Christengemeinschaft bezeichnet das allmächtige Gotteswesen noch mit einem Eigenschaftswort, das gegenüber den alten Wortlauten vollends neu ist: geistig-physisch. Gott ist Geist und doch auch in der gesamten sichtbaren Schöpfung anwesend. Kann das nicht als ein pantheistischer Gottesgedanke ausgelegt werden? Nein, im Gegenteil. Unter Pantheismus (All-Gottes-Lehre) versteht man die Vorstellung, die Schöpfung sei zwar göttlichen Ursprungs, aber Gott habe sich ganz in sie ausgegossen, habe sich gleichsam in seiner Schöpfung »erschöpft«, er sei nirgends als in ihr zu suchen.

Das Credo denkt anders und eben christlich. Das allumfassende Gotteswesen ist geistiger Art, also nur in der Geistwelt (»im Geist und in der Wahrheit«) zu finden. Aber es schwebt nicht in einem Jenseits über einem von ihm abgetrennten Weltall. Auch dieses gehört zu ihm, ist – wenn wir es in biblischer Art sagen wollen, aber es beileibe nicht materiell verstehen – »Bein von seinem Beine, Fleisch von seinem Fleische«. Ohne Gott wäre nichts Erschaffenes da. Er hat den Baustoff nicht von irgendwoher – etwa aus einem »Nichts« – genommen, denn er ist das eine All-eine Wesen, neben dem nichts Fremdes Platz hat. *Aus sich selbst* hat Gott die Welt geschaffen, aus seinem geistigen Innern hat er sie ans Licht gebracht, sich in ihr, wie es die Schöpfungsgeschichte des Alten Testaments und wie es der Prolog des Johannesevangeliums sagten, indem sie vom göttlichen *Worte* sprechen, geäußert. Er ist dabei nicht in seine Schöpfung ausgeflossen, sondern im

Geiste verblieben. Die Schöpfung kann als ein Teil seines Leibes und Blutes, anders gesagt, als der Saum seines ihn verhüllenden Gewandes aufgefaßt werden. Die sichtbare Welt, will das Credo also sagen, besteht nicht für sich, sie ist auch ein Teil des göttlichen Lebens. Deshalb gilt zwar voll: Gott ist Geist. Aber er ist auch physisch. Das Wort physisch bedeutet etwas anderes als materiell, es hat eine viel dynamischere Bedeutung: es kommt von griechisch phyein = erschaffen (auch wachsen) her. Die geschaffene Welt hängt eben an Gott, ist von ihm »abhängig«. Dies ist es, was mit dem unscheinbaren, aber doch tief bedeutsamen Bindestrich zwischen dem geistigen und dem physischen Sein Gottes im Credo ausgedrückt wird.

Christus, so zeigt das Credo dann weiterhin, hat die fast verlorene Verbindung zwischen dem väterlichen Gotteswesen und der Schöpfung neu hergestellt, indem er sie wieder zu ihrem Ursprung emporhebt.

Der erste Satz des Glaubensbekenntnisses lautet:

»Ein allmächtiges, geistig-physisches Gotteswesen ist der Daseinsgrund der Himmel und der Erde, das väterlich seinen Geschöpfen vorangeht.«

Das »ersterbende Erdendasein«

Wir Menschen haben uns nicht selber hervorgebracht. Je mehr und je genauer wir erkennen, wie unendlich kompliziert, aber zugleich weisheitsvoll unser Leib zusammengesetzt ist, wie er funktioniert und am Leben erhalten wird, je tiefer wir die Seelengewalten kennenlernen, die uns bewegen, und die Kräfte des Geistes, um so deutlicher muß uns werden, daß wir *Geschöpfe* sind. Kein Menschengehirn und keine Technik könnte hervorbringen, was wir als »unsern« Geist, »unsere« Seele und »unsern« Leib zu besitzen meinen. Und doch sind wir nicht *nur* Geschöpfe. Der uns erteilte schöpferische Funke macht uns zu Menschen, zu solchen Geschöpfen, die etwas vom Schöpfer selbst in sich tragen.

Darauf beruht das Verwandtschaftsgefühl zwischen Mensch und Gottheit. Daraus leiten wir als religiöse Wesen das Recht ab, Gott unsern Vater zu nennen und uns als »Kinder Gottes« zu empfinden. Aber wie fern und blaß ist diese Verwandtschaft geworden! Was die Religion als »Glauben« bezeichnet, ursprünglich ein echtes Wahrnehmen und eine die Seele bis ins Letzte ausfüllende und mächtig anregende Kraft, scheint zu entschwinden. Oder: ist sie als Teil jenes schöpferischen Funkens dem Menschen zwar erhalten geblieben, aber in freier Willkür auf andere Gegenstände gerichtet und ihrem eigentlichen Sinn dadurch entfremdet worden. Das Bewußtsein, selbst schöpferisch tätig sein zu können, richtet die ganze Aufmerksamkeit des Menschen auf die Erde und den räumlichen Kosmos und läßt ihn des väterlich voranschreitenden Schöpfers, von dem alles stammt, erlebnismäßig vergessen. Dieses tragische Vergessen aber ist es, das ihn von den ursprünglichen, gewaltig pulsenden Lebensquellen weitgehend abschneidet. Und nicht nur ihn. Der Mensch hängt als deren bewußtes Haupt mit der gesamten übrigen Schöpfung, mit Erde, Vegetation, Tierwelt, ja mit Wolken, Luft und Winden, mit Licht und Wärme, mit Sonne, Mond und Sternen inniger zusammen, als eine Schulweisheit sich träumen läßt. Die menschlichen Taten greifen daher – und das erlebt ja unser Jahrhundert überdeutlich – unmittelbar ein in das Naturgeschehen. So ist die Umwelt einbezogen in den Sturz aus der Verankerung im Glauben in die riskante Selbst-Schöpfer-Herrlichkeit. Wie konnte dieses nur geschehen, wo doch das Gotteswesen väterlich voranging? Wir werden dieses Weltenrätsel nur verstehen lernen, wenn wir annehmen, daß Gott Wesen der Freiheit schaffen wollte, nicht nur Naturwesen. Und die trugen ihrem Auftrag nach die Möglichkeit in sich, abzuirren.*

Der erste Satz des christlichen Glaubensbekenntnisses vom allmächtigen, väterlich voranschreitenden Gotteswesen spricht aus, was auch in unserer modernen Zeit an Glaubenssicherheit in der Menschenseele leben kann,

* Siehe zu dieser Frage: Rudolf Frieling, »Vom Wesen des Christentums«, Verlag Urachhaus, Stuttgart.

wenn sie sich nur tief genug auf ihren Ursprung besinnt. Er führt die Überzeugung vom einheitlichen Daseinsgrunde aller Schöpfung, der Kosmos, Erde und Menschen miteinander verbindet, zu neuem Glauben an Gott.

Zwischen diesem ersten Satz des Credo und dem zweiten, der vom Wesen und Gottesauftrag des *Christus* handelt, liegen allerdings – unausgesprochen – ganze Weltenschicksale. Bei der Betrachtung des Aufbaues unseres Wortlauts haben wir nicht nur auf das Ausgesprochene zu achten, sondern darauf, was »zwischen den Zeilen« verborgen liegt. Den Abgrund, der zwischen diesen beiden ersten Sätzen klafft, haben wir offenbar mit unserem Bewußtsein, mit christlicher Empfindung für die Weltsituation zu füllen. Er stellt uns eine Weltenfrage, die unsere Antwort erheischt.

Soeben, im ersten Satz, war vom Daseinsgrund die Rede und auf den ungetrübten Ursprung gewiesen. Das Erdendasein ist einst frisch aus Gottes Hand hervorgegangen. Die Schöpfungsgeschichte des Alten Testaments betont: »Und siehe, es war sehr gut.« (1. Mose 1,31).

Gleich darauf, im zweiten Satz, der mit dem Namen Christus beginnt, wird das gleiche Erdendasein als »ersterbend« bezeichnet. Welcher Unterschied! Welche Dramatik! Was ist geschehen? Die göttlich-reine Schöpfung Erde – dem Tod verfallen?

*

Wir fassen ins Auge, wie ein Dichter: Novalis (Friedrich von Hardenberg) in der größten seiner »Hymnen an die Nacht« das Weltenschicksal beschreibt, das der

Menschheit und ihrem Planeten widerfahren ist, und damit Antwort gibt auf die große Frage:

»... Unendlich war die Erde – der Götter Aufenthalt und ihre Heimat. Seit Ewigkeiten stand ihr geheimnisvoller Bau. Über des Morgens roten Bergen, in des Meeres heiligem Schoß wohnte die Sonne, das allzündende, lebendige Licht... Fest unter Bergen lagen die Ursöhne der Mutter Erde. Ohnmächtig in ihrer zerstörenden Wut gegen das neue herrliche Göttergeschlecht und dessen Verwandten, die fröhlichen Menschen. Des Meers dunkle grüne Tiefe war einer Göttin Schoß. In den kristallenen Grotten schwelgte ein üppiges Volk. Flüsse, Bäume, Blumen und Tiere hatten menschlichen Sinn. Süßer schmeckte der Wein, von sichtbarer Jugendfülle geschenkt... Alle Geschlechter verehrten kindlich die zarte tausendfältige Flamme, als das höchste der Welt. Ein Gedanke nur war es, ein entsetzliches Traumbild,

Das furchtbar zu den frohen Tischen trat
Und das Gemüt in wilde Schrecken hüllte.
Hier wußten selbst die Götter keinen Rat,
Der die beklommene Brust mit Trost erfüllte.
Geheimnisvoll war dieses Unholds Pfad,
Dess Wut kein Flehn und keine Gabe stillte;
Es war der Tod, der dieses Lustgelag
Mit Angst und Schmerz und Tränen unterbrach...«

So schaut der seherische Dichter den Übergang vom ursprünglichen Weltzustand in das durch den Eintritt des Todes ersterbende Erdendasein. Ebenso plötzlich, ja ruckartig, wie das Credo vom ersten zum zweiten Satz übergeht, läßt Novalis die Schilderung der Menschheitskindheit fallen und wendet sich dem »Unhold« zu, der mit einmal an die frohen Tische tritt. Genau an der Stelle, wo die Prosa des Dichters in rhythmische Verse übergeht, liegt der große Einschnitt in die Weltverhältnisse. Alles hat sich mit einmal so verwandelt, daß selbst die beschreibende Sprache eine andre werden muß, um die Größe des Vorgangs zu erfassen. Es ist jenes Ereignis, das auch das Johannesevangelium nur zwischen seinen Zeilen andeutet, wenn es im Prolog sagt: »Das Licht scheint in die Finsternis, – aber die Finsternis hat es nicht begriffen.«

Warum diese Plötzlichkeit und Kürze sowohl hier, wie bei Novalis, wie im Credo? Weil wirklich ein einzelnes Geist-Ereignis zugrunde liegt, eine Katastrophe, die allerdings weltenweite und zeitenlange Auswirkungen – eben bis in die ganze mit der Menschheit zusammenhängende Welt – nach sich gezogen hat. Die Bibel nennt es den *Sündenfall* und schildert im Bildbericht vom Paradiese jene Abwendung höherer Wesen, die Novalis »Ursöhne« nennt, und des Menschen vom Glauben an Gott hin zur Sinneswelt. Als Möglichkeit war mit der Rebellion jener »Ursöhne«, einstiger hoher Engelwesen, offenbar von Anfang an zu rechnen. Aber sie waren ohnmächtig, gleichsam nur potentiell wirksam – bis sie den Menschen trafen: Luzifer verführte Eva und Adam. Von dort her datiert die Tragik und Gefahr der Menschheits- und Weltentwicklung. Als Adam und Eva, der »Schlange« folgend, »die Frucht aßen« und Gott dabei vergaßen, stürzte der alte Weltenbau ein, und die Menschheit erwachte im – ersterbenden Erdendasein. »Als Adam aße zu der Stund, da ward die ganze Welt verwund't« – so drückt in kindlichen Worten das alte Oberuferer Paradeisspiel das gleiche Weltgeheimnis aus, das Paulus im Römerbrief in das bekannte Wort gefaßt hat: »Der Tod ist der Sünde Sold.« »Verflucht sei der Acker um deinetwillen...«, hatte es geheißen, als Adam und Eva das Paradies verlassen mußten.

Wir kehren noch einmal zu der Hymne des Novalis zurück: »Zu Ende neigte die alte Welt sich. Des jungen Geschlechts Lustgarten verwelkte – hinauf in den freieren wüsten Raum strebten die unkindlichen, wachsenden Menschen. Die Götter verschwanden mit ihrem Gefolge – einsam und leblos stand die Natur. Mit eiserner Kette band sie die dürre Zahl und das strenge Maß. Wie in Staub und Lüfte zerfiel in dunkle Worte die unermeßliche Blüte des Lebens. Entflohen war der beschwörende Glauben und die allverwandelnde, allverschwisternde Himmelsgenossin, die Phantasie. Unfreundlich blies ein kalter Nordwind über die erstarrte Flur, und die erstarrte Wunderheimat floh in den Äther... Nicht mehr war das Licht der Götter Aufenthalt und himmlisches Zeichen – den Schleier der Nacht warfen sie über sich...« – Hier setzt bei Novalis die eigentliche »Hymne an die Nacht« an, in der er verkündet, wie durch Christus mitten in dieser Weltnacht die erlösende Hilfe herabkommt.

In dichterisch freigestalteten Bildern – die Engel sind dem Novalis Götter – und doch im biblischen Sinne wird hier der Zusammenhang zwischen dem neuen »unkindlichen« Menschheitsbewußtsein und dem Erdenzustand geschildert. Die Sünde (der Unglaube) ergreift nicht nur

Gedanken und Seele des Menschen, sondern auch seinen Leib, und wird zur Erbsünde. Der Tod, so können wir unter Zuhilfenahme der Geisteswissenschaft Rudolf Steiners denken, war im paradiesischen Urzustand der Erde ein dem Schlaf verwandter, verwandelnder Übergang von einer Lebensform in die andere. Nun fuhr er zwischen Seele und Leib und wurde der große, das Ichbewußtsein bedrohende, Furcht erweckende Einschnitt. Die Sünde ergriff nach und nach den ganzen Menschen, ward Gewohnheit, wurde Krankheit. Deshalb spricht das Credo von der »Sündenkrankheit« der Menschheit.

Das Verhalten des Menschen aber ist es auch, das die Erdenwelt um ihn her verändert und – ersterben läßt. Anstelle der Natur, in deren Schoß die Menschheit einst lebte, tritt im Laufe der Jahrtausende weitgehend die Zivilisation mitsamt ihrer modernen Chemie, Physik und Technik, die in größtem Ausmaß in das Lebensgefüge der Erde eingreifen. Dies alles hat seine positive Seite und seine Gegenseite. Die Wälder werden gerodet, die Äcker mit Fremdstoffen gedüngt und verhärtet, die Luft wird durch die Industrie und Radioaktivität verseucht, das Wasser verschmutzt, die Nahrung vergiftet. Es ist der Menschheit aber auch als letzte Konsequenz der Sünde in die Hand gegeben, die Erde nicht nur langsam zu verändern und zu entseelen, sondern, wie wir sorgenvoll wissen, durch Megatonnen-Atombomben vollends weithin zur Wüste ersterben zu lassen, wenn nicht gänzlich zu zerstören. Das Geschick hat kosmische Dimensionen angenommen. Mit gutem Willen, mit Bußfertigkeit und Bereitschaft allein ist nichts mehr getan. Hier kann nur aus einer umfassenden höheren Kraft des Bewußtseins und der Liebe Hilfe kommen. Die Menschheit allein ist der nun gestellten Weltenaufgabe der Erlösung nicht gewachsen.

Im Zusammenhang mit diesem Prozeß des Ersterbens der Erde fällt eben im Credo der Name Christus. Sein Erscheinen auf der Erde ist keineswegs nur für die Gesinnung gläubiger Menschen von Bedeutung. Das Credo will sagen: eine dem Sündenfall entgegengesetzte Wirkung ist von Christus ausgegangen. So wie aus der geistigen Katastrophe des einstigen Sündenfalls eine Todeswelle entsprungen ist, die heute am Fels der Gegenwart aufbrandet, so spendet Christus seinen Segensstrom, beim geistig-religiösen Menschen-Bewußtsein ansetzend, um von dort aus die Kulturwelt, ja die Erde selbst mit neuer todüberwindender Kraft zu durchdringen. – Eine alte Legende berichtet von den »Rosen von Jericho«. Als Maria, die das Jesuskind trug, über verwelkte Rosen schritt, erblühten diese neu. Seitdem sollen in Jericho Jahr für Jahr mitten im Winter, zu Weihnachten, die Rosen blühen. Ein Wahrbild der »Wiederbelebung«! Aber diese Erlösung geschieht nicht ohne Beteiligung der Menschen. Diese sind es, die »die Wiederbelebung des Erdendaseins erlangen«. Das bedeutet: die durch den Sündenfall erlangte freie Entscheidung des Menschen wird anerkannt und aufgegriffen!

Aus dem Voranschreiten Gottes entstanden einst Himmel und Erde gemäß dem ursprünglichen »Weltenplan«. Das war der erste große Schritt der Schöpfung. Er wurde gestört und gefährdet. Jetzt beginnt ein neuer, zweiter Akt der Schöpfung. Dieser zweite Schritt soll kein Rückschritt zum Ursprung werden. Er erfolgt auf dem Boden und unter Bejahung des neuen Weltschicksals. Das in höchste Gefahr geratene Erdendasein soll »wiederbelebt« werden – so, daß weder echte Errungenschaften noch die Mitverantwortung der Menschheit verlorengehen. Ein schöpferisches Opfer der Gottheit bringt die Rettung.

Sowohl die Erschaffung als auch die Wiederbelebung der Welt gehören zur Schöpfung. Von hier aus verstehen wir tiefer, inwiefern das Credo über den Abgrund zwischen seinen beiden ersten Sätzen hinwegzuschreiten vermag, mit dem großen Schwung seiner gläubigen Aussage ganz auf das positive Weltenziel bedacht. –

Bis hierher spricht das Credo noch nicht von dem geschichtlich im Menschen Jesus erschienenen Christus, sondern von dem Gotteswesen, das auch vor seiner Geburt auf Erden schon lebte und wirkte. (Das Christentum hat von Anfang an die Lehre von der »Praeexistenz« Christi gekannt.) Durch die Jahrtausende – so erläutert die Geisteswissenschaft Rudolf Steiners diese Praeexistenz – begleitete er die ihm am Herzen liegende Menschheit und kam ihr durch geistige Gaben um so näher, als sie sich von ihrem hohen Ursprung entfernte – bis »die Zeit erfüllt« war, daß er selbst Mensch werden und die Erdengeschicke auf sich nehmen konnte.

»Christus, durch den die Menschen die Wiederbelebung des ersterbenden Erdendaseins erlangen, ist zu diesem Gotteswesen wie der in Ewigkeit geborene Sohn« (zweiter Satz des Credo).

Gottessohn und Menschenbruder

Wir haben jenen Absturz von Mensch und Erde in das Todesschicksal ins Auge gefaßt, der sich zwischen den Zeilen des ersten und des zweiten Satzes verbirgt, auf welchen aber das Wort von der »Wiederbelebung des ersterbenden Erdendaseins« hindeutet.

Vergleichen wir nun einmal den neuen Wortlaut mit dem des altkirchlichen Credo in der Gestalt des »Apostolikums«, so erkennen wir ohne weiteres die Entsprechung des ersten Satzes vom Daseinsgrund der Welt zu der überlieferten Glaubensformulierung von Gott dem Vater. (Es sei bei dieser Gelegenheit erwähnt, daß die Christengemeinschaft selbstverständlich den gesamten christlichen Glauben teilt und nicht als eine »Sondergemeinschaft« mit einem besonderen oder ausgewählten Glaubensinhalt aufgefaßt werden kann. Sie ist eben ihrem Wesen nach gerade keine »Sekte«.) Von jenem Todesabgrund, den unser Wortlaut auf dem Weg vom ersten zum zweiten Satz überbrückt, ist im Apostolikum allerdings nichts angedeutet. An der entsprechenden Stelle steht einfach ein »Und«: »Ich glaube an Gott den allmächtigen Vater, Schöpfer Himmels und der Erden *und* an Jesus Christus, seinen eingeborenen Sohn, unsern Herrn.« Hier haben wir also bei aller Gemeinsamkeit des gesamten Glaubens einen der Unterschiede zwischen alter und neuer Gestalt des Credo vor uns. Das Bewußtsein für den bedrohlichen Weltzustand steht heute anders als früher im Vordergrunde des religiösen Lebens. Ebenso das Wirken und Schaffen Gottes des Sohnes.

Verfolgen wir den neuen Wortlaut weiter, so springt gleich noch ein feiner Unterschied ins Auge: Christus wird hier nicht wie im Apostolikum unmittelbar als der Sohn Gottes des Vaters bezeichnet. Wir erinnern uns daran, daß in unserem Credo-Wortlaut – im Unterschied zum eigentlichen Kultuswort – der direkte Name »Vater« zurückgehalten wird und daß sich der erste Satz nur mit größter Behutsamkeit an dieses höchste Bild und Mysterium herantastet, indem er zuerst von dem Gotteswesen spricht, das als der Daseinsgrund der Welt aufzufassen ist, und dann erst auf dessen väterliches Wirken eingeht. So wird jeder allzumenschliche Begriff von Gott dem Vater vermieden, wie er sich leicht einstellen könnte. Entsprechend geschieht es nun bei dem Wort von Gott dem Sohn. Zwar besteht im religiösen Leben auf der einen Seite eine Gefahr, nur zu abstrakt-gedanklichen Vorstellungen zu gelangen, auf der andern aber erst recht bei »anthropomorphistischen« (d.h. menschlichen Verhältnissen allzusehr nachgebildeten) Bildern in kindlicher Gläubigkeit zu verharren. Beides gilt es zu überwinden.

Gerade dem Bewußtsein unserer Zeit, das die Sprache aller Sinne in sich aufzunehmen gelernt hat, ist es möglich, auch die Bildsprache der höchsten geistigen Offenbarung entziffern zu lernen. Letzte Wahrheiten lassen sich in bloß logischen Gedanken nicht aussagen, sie treten in Geistes-Bildern eindrücklich und bewegend vor die Seele. Dennoch darf bei solchen Bildern nicht außer acht gelassen werden, daß sie nur *eine* Form der Geist-Sprache darstellen. Sie weisen auf noch umfassendere Offenbarungen bedeutsam hin. Solche heilige Bilder sind die Gottesnamen Vater und Sohn. In ihnen neigt sich das Gotteswesen der sich zu ihm erhebenden menschlichen Verehrung entgegen.

Von dieser Einsicht aus verstehen wir die gleiche behutsame Zurückhaltung, mit der im zweiten Satz des neuen Credo zum Verhältnis von Vatergott und Sohnesgott vorgeschritten wird. Christus, heißt es, »ist zu diesem Gotteswesen wie der in Ewigkeit geborene Sohn«. Das Ungewöhnliche der Ausdrucksweise wird uns zum Hinweis auf die Größe des angedeuteten Welträtsels und -schicksals. Mit dieser Wortfolge wird eigentlich ganz deutlich gesagt: nicht im irdischen Sinne dürfen wir an den Sohn eines Vaters denken; menschliche Verhältnisse gemahnen nur von fern an das Umfassende, das hier mit – an ihrem Inhalt gemessen – stammelnden Menschenworten auszudrücken versucht wird. Wie ein Sohn von seinem Vater Leben und Wirkenskraft empfängt und doch selbständig daraus seinen eigenen Lebensauftrag erbildet, so – aber im göttlichen Maßstab – dürfen wir uns die Nähe des Sohnes zum Vatergott ehrfürchtig vorstellen. Aus ewigem Urgrund quillt das welterneuernde Leben. Weit, weit über alle menschliche Vergleichsmöglichkeit hinaus überpersönliche Personen sind für uns Menschen Gott der Vater und der Sohn.

Noch auf eine weitere, die Vorstellung vertiefende Eigentümlichkeit im neuen Wortlaut werden wir aufmerksam. Statt vom »eingeborenen« Sohn spricht dieser von dem »in Ewigkeit geborenen«. Dem heute fast unverständlich gewordenen deutschen Wort eingeboren liegt das griechische monogenés (lateinisch unigenitus) zugrunde, das »allein geboren« bedeutet. Das Griechische kennt auch die Form protogenés – »vor allen geboren«. Der Ausdruck weist auf ein Geschehen über aller Zeit und Natur, am Ursprung des Lebens, einen Grundvorgang aller Schöpfung. Noch mehr: auf einen, der nicht in der Vergangenheit abgeschlossen ist, sondern der weiterpulst und sich mit den Schritten des äonischen Lebens – der Ewigkeit – stets erneuert. Gott hat sich nicht zurückgezogen; er schreitet im Sohne weiter mit der Zeit. Das Johannesevangelium raunt in seinem erhabenen Prolog von diesem Urgeschehen: »Im Urbeginne war das Wort, und das Wort war bei Gott... Und das Wort ist Fleisch geworden und hat unter uns gewohnt...« Obgleich das »Wort« – die aus der Ewigkeit hervorragende Äußerung Gottes – bei Gott war, ist es in Christus in die Zeit eingetreten und Erdenmensch geworden: das große Geheimnis des Christentums. Der Vorgang »ewiger Geburt« ist durch den Schritt zur Erde aber nicht abgerissen. Jeden Augenblick geht Christus geistig aus dem Vater hervor, so daß er sagen kann: »Ich und der Vater sind eines« (Joh. 10, 30).

Der dritte Satz im Credo der Christengemeinschaft entspricht zwar den Evangelien, hat aber im Apostolikum keinerlei ausdrückliche Parallele. (Im »Nicänum« heißt es: »Fleisch geworden durch den Heiligen Geist aus Maria, der Jungfrau, und Mensch geworden...«) Oft hat man sich gewundert, wie wenig das Credo – das alte, aber auch das neue – von den im Neuen Testament geschilderten großen Ereignissen wiedergibt. Sie liegen wie verborgen zwischen den Worten dieser äußerst sparsamen Zusammenfassung. Hier aber tritt eins der großen Geschehnisse zutage. Unser Wortlaut nennt die beiden Namen Jesus und Christus und unterscheidet sie. Noch bevor von der Geburt des Menschen Jesus die Rede ist, wird vom Eintritt des Gottessohnes Christus in die Erdenwelt durch Jesus gesprochen. Was meint das Credo mit diesem Eintreten? Wir denken: das gesamte Herabkommen Christi von der Vorbereitung in Menschheit und Volk an; es meint das Weihnachtsgeschehen, speziell aber gewiß auch das Ereignis der Taufe im Jordan. Jesus Christus ist Mensch und Gott zugleich: Bei der Johannestaufe wird der Mensch Jesus zum Träger des Gottessohnes Christus, der ihn bis dahin nur überschwebt hat. Jesus Christus wird »wahrer Mensch und wahrer Gott« zugleich, als der Himmel sich über ihm öffnet und der göttliche Geist sich in ihn ergießt. Gott hat von hier an über die Kluft hinweg, die der Sündenfall aufgerissen hat, auf Erden Fuß gefaßt. Das Gottesopfer ist eingeleitet. »Wer ermißt des Opfers Größe?« fragt Christian Morgenstern: wenn ein so hoher, reiner Geist Menschengestalt annahm, um alles mit den Erdenmenschen zu teilen.

»...Und dann endlich nimm Ihn wahr:
Aller dieser Geister Meister!
Und dann komm mit ihm herab!
Unter Menschen und Dämonen,

komm mit ihm, den Leib bewohnen,
den ein Mensch ihm fromm ergab.«*

Jetzt lebt auf der Erde ein Mensch von Fleisch und Blut, der, zu jeder Stunde gotterfüllt, sich im Einklang befindet mit Gottes Willen, dem Sternenall und dem Ziel der ganzen Schöpfung. Diese christliche Grundtatsache hat ihren Platz im Credo erhalten. – Was ist das für ein Mensch? Wie konnte er geboren werden?

»In Jesus trat der Christus als Mensch in die Erdenwelt« – so lautet der erste Teil des dritten Absatzes im Credo.**

* Christian Morgenstern, Gedichte, herausgegeben von Margareta Morgenstern, R. Piper & Co. Verlag, München.

** Wenn wir von den »Sätzen« des Credo sprechen, so ist dies nicht immer im grammatikalischen Sinn gemeint; sie bilden einen Gedanken-Zusammenhang. Vergl. die Übersicht des Wortlautes am Schluß der Schrift.

Der vor-pfingstliche Heilige Geist

Wir sind gewohnt, den Heiligen Geist als eine Gabe des ersten christlichen Pfingstfestes aufzufassen; das Glaubensbekenntnis der Christengemeinschaft spricht aber ausdrücklich, ebenso wie das Apostolikum, auch von seiner älteren Offenbarung, und zwar in seinem Abschnitt über Jesus Christus. Im Menschen Jesus, heißt es im ersteren, trat der Gottessohn Christus in die Erdenwelt. Es wird nun zurückgeblickt: Wie konnte ein Mensch, der irdischen Natur, Geburt und Tod unterworfen, zum göttlichen Wesen erhoben werden? Von dieser großen Frage handelt der nächstfolgende Satz des neuen Credo. Er steht an der Stelle, wo es im Apostolikum heißt: »Empfangen vom Heiligen Geist, geboren von der Jungfrau Maria.« Hier haben wir die vorpfingstliche Erwähnung des Heiligen Geistes mehr im Vorbeischreiten. Gemeint ist mit jenem »Empfangen« das geistige Geschehen, das der Verkündigung des Erzengels Gabriel an Maria (Lukas 1, 26–38) zugrunde liegt: »Der Heilige Geist wird über dich kommen und die Kraft des Höchsten wird dich überschatten...« Auch das Matthäusevangelium berichtet ein ähnliches Engelwort, aber an Josef gerichtet (Kap. 1, 20): »Das von ihr (Maria) geboren wird, das ist von dem Heiligen Geist.«

Das Credo der Christengemeinschaft ist an der entsprechenden Stelle ausführlicher; es regt dadurch ein neues Denken über das um die Geburt des Jesuskindes webende Menschheitsgeheimnis an. Vor allem zieht es dem Wirken jenes Heiligen Geistes, der die Menschheit von ihren Anfängen bis zu Christus hin nie im Stich gelassen, sondern trotz ihrem Absturz in die Sünde und in das Ersterben des Erdendaseins auf verborgene Weise behütet und geleitet hat, einen viel weiteren Rahmen. Wenn es von einer Mitwirkung des Heiligen Geistes bei der Geburt Jesu spricht, so meint es nicht nur Empfängnis und Geburt des Kindes der Maria, sondern auch jene generationenlange Vorbereitung dieser Ereignisse, auf die das Matthäus- und das Lukas-Evangelium, jedes auf seine Art, so entscheidenden Wert legen. Beiden Evangelien kommt es darauf an, eine hohe, sinnvoll von Gott geordnete Abstammung des Jesuskindes festzustellen. Das ganze Alte Testament mit der wechsel- und leidensvollen Geschichte des zu diesem Ziel »auserwählten« Volkes dient den Evangelien als der Hintergrund, aus dem das Jesuskind im Glanze der Weihnacht hervortritt. Nicht menschliche Überlegung und Planung hat hier gewaltet; über die Köpfe der beteiligten Menschen hinweg, ja sogar durch menschliche Sünde und Schuld hindurch hat sich ein höheres Wirken als Ursache der geschichtlichen Entwicklung gezeigt. Während die Menschheit immer tiefer in Sünde und leibliche Dekadenz versank, war schon ein Strom heilender Absicht und Kraft am Werke, um dem Abstieg entgegenzuwirken und einen späteren Wiederaufstieg zu veranlagen. Gottes Geist hat sich ein Volk erwählt, in welchem die Geburt jenes Menschen vorbereitet wird, der einmal erwürdigt werden soll, den der Erde zustrebenden Heiland in sich aufzunehmen. Durch das reine Blut eines Volkes in der rechten von der Schicksalsführung bewirkten Mischung strömt die heilende göttliche Absicht ihrem Ziele zu.

Wie wirkt jener Heilige Geist in vorchristlicher Zeit? Nicht durch das denkende menschliche Bewußtsein; dieses war noch nicht imstande, den Geist Gottes voll aufzunehmen. Noch mußte ihm der göttliche Wille in Geboten und Gesetzen ohne Begründung vorgeschrieben werden. Noch griff der Geist nach dem Menschen und »entrückte« ihn zu entscheidender Stunde. »Die Locken ergriff es, gegenwärtig«, sagt Hölderlin vom »himmlischen Geist«.* Der außer und über dem menschlichen Bewußtsein waltende Geist wurde in auserwählten Stunden und Lebenslagen durch eine heilige Ekstase erfahren. Das war »heiliger Geist« im Unterschied zu menschlicher Vernunft. In alten Zeiten war das »Aussteigen« der Seele aus dem Leibe in die Entrückung noch ein reiner, religiös erfüllter und berechtigter Vorgang. Später, gerade infolge des Christentums, verlor dieser ekstatische Weg zum Geist seinen Sinn und seine Reinheit; er geriet in Verfall. Es wurde vielleicht noch »Geist« erfahren, aber kein heiliger mehr. Christus trug den Heiligen Geist in das Innere des Menschen. In klar denkendem, überschauendem Bewußtsein, im Gewissen und mit Beteiligung seines freien Willens sollte von nun an der Mensch dem Heiligen Geist begegnen. Das ist dessen *neue* Offenbarung zu Pfingsten.

Während die Suche nach dem Geist auf die alte entrük-

* In der Hymne »Patmos«.

kende Art in den »alten Mysterien« der antiken Völker mehr und mehr erfolglos wurde und der Zusammenhang zwischen Menschen und höheren Führerwesen abriß, blieb die Verbindung in Ausnahmefällen gnadevoll erhalten. Das Alte Testament schildert, wie »durch das Gesetz und die Propheten« (zusammengefaßt können wir auch sagen: durch Moses und Elias) der göttliche Einfluß weiterwirkt. Das Neue Testament berichtet, wie bestimmte Menschen, die dem Christus als Wegbereiter dienen, vom Heiligen Geist ergriffen werden und – Engeln begegnen. Heiligen Geist erfahren heißt nämlich, Gottes Geist durch höhere Wesen, als der Mensch eines ist, empfangen und die Sprache der Engel vernehmen.

Engelbegegnungen werden am Beginn der beiden anfangs genannten Evangelien geschildert. Dem Priester Zacharias wird mitten in der Räucherung am Altar vom Engel der Sohn Johannes verheißen. Maria wird in der Andacht vom Erzengel Gabriel »heimgesucht«, der ihr das Kind verkündet. Josef erfährt im Traum die Weisung des Engels.

Diese Szenen bis hin zum Engelsgesang über den Hirten in der Weihnachtsnacht und zum Leuchten des Sternes auf dem Wege der Weisen aus dem Morgenlande sind es, die das Wirken des vorchristlichen Heiligen Geistes krönen. Sie sind mit dem Satz des Credo von der Wirkung des Heiligen Geistes bei der Geburt Jesu im besonderen gemeint, indem sie das jahrtausendelange vorbereitende Geisteswirken zusammenfassen und in höchster Würde und Anmut darstellen.

Nicht darauf kommt es, von hier aus gesehen, an, ob

Maria, die Mutter Jesu, in leiblichem Sinne Jungfrau blieb, sondern daß sich keine menschliche Leidenschaft und Willkür der Seele störend in das Schicksalsgeschehen der Vermählung Josefs und Marias einmischte. So groß war das geistige Erleben, das in der Verkündigung durch den Engel zum Ausdruck kommt, – jene »Überschattung« durch den Heiligen Geist und die nahende Kindesseele selbst, daß für irdische Gefühle, ja für ein irdisches Bewußtsein kein Raum mehr bestand. Die Unschuld paradiesischer Zeiten, wie sie in der Menschheit je und je noch möglich gewesen war: hier wurde sie durch die Überfülle des Schauens und Vernehmens noch einmal Wirklichkeit. Königlich beschenkt trägt Maria, wie Raphael es in der Sixtinischen Madonna malt, ihr Kind aus dem Himmel höherer, sündenloser Wesen, wo sie es empfangen hat, zur Erde herab.

Jesus ist der Sohn seiner Eltern – sonst hätte der im Evangelium ausführlich wiedergegebene väterliche Stammbaum keinen Sinn. Um ihn als vollen Erdenmenschen, als einen »vom Weibe Geborenen«, nicht etwa als einen nur im Scheinleibe die Erde besuchenden Halbgott, als welchen gnostische Strömungen ihn ansahen, zu kennzeichnen, nennt das Credo ihn ausdrücklich den »Sohn der Maria«.

Von der bei Matthäus und Lukas zum Ausdruck kommenden Verschiedenheit der Weihnachtsgeschichte sagt das Credo nichts. Es faßt das ganze Geschehen in kürzester Form als Wirkung des Heiligen Geistes zusammen. Ganz gewiß aber wird ihr auch hier jener weite Rahmen gegeben: Der Heilige Geist meint sowohl den geheimen

Königssohn, der von den Magiern der alten Kulturen gefunden, angebetet und mit Weihegeschenken bedacht wird, wie Matthäus ihn sieht, als auch den heimatlos im Stall geborenen Knaben, den Lukas meint und dem die schlichten Hirten ihre einfachen Gaben darbringen. Weisheit und Macht auf der einen Seite und Herzensreinheit und Liebe auf der anderen – sie klaffen in der sündenkranken Menschheit hoffnungslos auseinander. Sie sind kaum mehr in ein und derselben Seele vereinbar. Der Heilige Geist ist es, der sie in Jesus zusammenführt und so innig in einer Menschengestalt vereinigt, daß in ihr der die Welt und Menschheit umfassende Christus auf Erden Fuß fassen und sich bis in alle Tiefen verkörpern kann.*

Die Wirkung des Heiligen Geistes ist mit dem Weihnachtsereignis noch nicht abgeschlossen. Sie geleitet das verfolgte Kind aus der Gefahr des Kindermordes nach Ägypten und führt es nach Nazareth. Sie bringt das Jesuskind nach altheiligem Gesetz zur Darstellung in den Tempel, wo es vom greisen Priester erkannt wird, und läßt es nach Nazareth heimkehren. Sie zeigt sich bei dem tiefgründigen und für die Eltern nicht faßbaren Geschehen um den 12jährigen Jesus im Tempel von Jerusalem. Sie überschwebt Jesus von da an bis zum Ereignis am Jordan im seinem 30. Jahr durch viele Jahre der Schulung, des Opfers und vorbereitender Schicksale. Bis sie dann die Geburt Christi im Menschen Jesus bei der Taufe im Jordan vollendet: Umstrahlt vom Heiligen Geist Gottes – in

* Das einzelne zu diesen Fragen findet sich bei Lic. Emil Bock, in »Kindheit und Jugend Jesu«, Verlag Urachhaus, Stuttgart.

Gestalt der Taube –, verbindet sich der Gottessohn Christus mit dem Menschen Jesus. Dies Ereignis gibt dem Neuen Testament und dem Credo die Veranlassung, mit dem Doppelnamen von dem Christus Jesus zu sprechen.

In dem zusammenfassenden Satz vom Wirken des Heiligen Geistes ist nicht ausdrücklich von der Jordantaufe die Rede, aber sie darf als das hohe Ziel aller Vorbereitung, der höheren Geburtsvorgänge und sonstigen Wirkungen des die alte Welt beseelenden Heiligen Geistes angesehen und als in diesem Satz voll enthalten erkannt werden.

Wodurch ist die Überwindung der Sündenkrankheit in der Menschheit angebahnt? Dadurch, daß ein reines, edles menschliches Gefäß bereitet und mit sündenlosem Gottesgeist erfüllt wurde. Der Schöpfer selbst – Gott der Sohn – ist wieder bei den Menschen und kann sein heilendes Weltwirken beginnen. Warum heißt es im Credo, die Sündenkrankheit werde »an dem *Leiblichen* der Menschheit geistig geheilt«? Ist nicht vor allem ihre Seele krank? Ja, auch die Seele, aber das höchste und wichtigste Ereignis des Christentums ist, daß Christus bis in die Tiefe der Leiblichkeit voll zur Erde herabgekommen ist, damit der Hebel zur Heilung der Welt ganz unten angesetzt werden kann, wo sich die Sünde als Neigung zum Bösen, als Krankheit und Tod fest-gesetzt hat. Christus opfert sein Liebewesen in diese Verfestigung hinein, um sie zu durchdringen und umzuschmelzen.

Der Satz von Jesu Geburt auf Erden hat aber noch eine andere Seite. Wie das apostolische Credo ganz kurz aussagt: »empfangen von dem Heiligen Geist, geboren von der Jungfrau Maria« und danach sogleich zu Leiden und

Tod übergeht, so enthält auch unser Credo scheinbar nichts vom ganzen Wirken, Lehren und Beten Christi, wie es die Evangelien schildern. Im Credo ist nur das Allerwesentlichste festgehalten; und das Christentum ist eben, wie wir im nächsten Kapitel sehen werden, weit weniger eine »Lehre« als eine Tatsache: Geburt und Tod Christi sind die größten lehrenden Geschehnisse. Dennoch müßte man hier eine Lücke im Credo empfinden – wenn nicht der Satz von der Geburt auf Erden auch noch ganz anders aufgefaßt werden könnte: wie eine kurze Zusammenfassung des gesamten Evangeliums bis zum Kreuzestod. Die Inkarnation (Verleiblichung) des Christus auf der Erde ist mit der Geburt des Jesuskindes nicht erschöpft, sie ist vielmehr ein allmählicher Vorgang, der den Christus der Erde immer näher bringt – bis in den Tod. Die weihnachtliche Jesus-Geburt ist eine Etappe dieses Vorgangs, das Mysterium des 12jährigen Knaben im Tempel eine weitere, die Jordantaufe eine ganz wichtige. Doch auch die »Zeichen« und Heilungen, die Bergpredigt, die Verklärung, die Gleichnisse und Abschiedsreden sind Stationen auf dem Wege des Christus zu den Menschen hin, mächtige innere Geburtsvorgänge, durch die der Gottessohn Menschensohn wird. Bis er den Leib ganz und gar durchdrungen, wird »der Sohn der Maria zur Hülle des Christus«.

»Jesu Geburt auf Erden ist eine Wirkung des Heiligen Geistes, der, um die Sündenkrankheit an dem Leiblichen der Menschheit geistig zu heilen, den Sohn der Maria zur Hülle des Christus bereitete« (zweiter Teil des dritten Absatzes).

Das Christentum – nicht Lehre, sondern Ereignis

Wir haben den Satzteil ins Auge gefaßt, der mit der Geburt Jesu auf Erden beginnt und damit schließt, daß der so heilig geborene Mensch Jesus »zur Hülle des Christus bereitet« wurde. Wir sahen darin eine Entwicklung beschlossen, die mit Weihnachten beginnt und 30 Jahre später in der Jordantaufe vollendet erscheint. Das Wort »Hülle« wird im Credo ähnlich dem gebräuchlichen Ausdruck »sterbliche Hülle« (für den Leichnam eines Menschen) verwendet, nur daß der Geist den ihn einhüllenden leiblich-seelischen Menschen bei der Taufe nicht verläßt, sondern umgekehrt erfüllt und durchdringt, so daß der göttliche und der menschliche Anteil in Jesus-Christus von nun an die höchste lebendige Einheit bilden.

Der nächste Satz ist derjenige, der die beiden Namen Jesus und Christus nicht mehr getrennt nennt, sondern zum Doppelnamen Christus Jesus zusammengefügt, und zwar in dieser Reihenfolge, was für eine vertiefte Besinnung zu beachten ist. Jesus ist der eigentliche Name. »Christus« ist mehr als ein Name. Wörtlich aus dem Griechischen (Christós) übersetzt heißt er »der Gesalbte«. Eine Wesenheit von allerhöchstem geistigen, von priesterlich-königlichem Rang wird damit bezeichnet, dem entsprechend, was man im jüdischen Volk unter dem erwarteten Messias (ebenfalls: »der Gesalbte«) versteht. – Was uns nun aber aufs höchste verwundern kann: dieser nächste Satz des Credo spricht bereits von dem durch den Christus Jesus erlittenen Kreuzestod. Zwar steht er im neuen Credo für sich, während das Apostolikum das ganze gewaltige Geschehen in eine Periode zusammenfaßt: »...geboren von der Jungfrau Maria, gelitten unter Pontius Pilatus, gekreuzigt, gestorben und begraben...« Dennoch werden wir sofort vom Geburtsgeschehen auf Leiden und Tod Christi gewiesen. Ebenso wie die beiden ersten Sätze vom göttlichen Vater und vom Sohn in ihrem unausgesprochenen Zwischenraum das halbe Weltenschicksal bergen, so nötigt uns der Punkt am Übergang vom vierten zum fünften Satz, wiederum zwischen den Zeilen zu lesen und zu empfinden.

Denn, noch einmal: wo bleibt das ganze Leben des Erlösers, wo bleiben die an Worten, Taten und Leiden überreichen »drei Jahre«? Kein ausdrückliches Wort verliert das Credo von all dem, was die Evangelien aus dieser Zeit berichten und was den Inhalt unserer Vorstellungen von Jesus Christus ausmacht. Kann eine Zusammenfassung der Hauptsätze christlichen Glaubens auf dies alles verzichten? So müssen wir schon einmal fragen, wenn wir uns dieser scheinbaren Lücke im Credo voll bewußt werden.

Die Geschehnisse der drei Jahre des Lebens und Wirkens Jesu Christi sind ohne Zweifel für den Christen von größter Bedeutung. Das Credo schließt sie natürlich nicht aus, sondern – eben zwischen seinen Zeilen – ein. Noch wichtiger ist aber dem Glaubensbekenntnis etwas Grundlegendes, das gerade durch dieses Schweigen besonders hervorgehoben wird.

Nicht *das*, will es sagen, ist das Entscheidende am Christentum, was Christus als Mensch auf Erden erlebt, getan und gelehrt hat, obgleich es alles unweigerlich dazugehört und von gewaltiger Bedeutung war, sondern entscheidend wichtig ist die *Tatsache*, daß Christus überhaupt als Mensch geboren werden konnte und bis in Leiden und Tod sich dem Menschenschicksal verbunden hat. Durch das Schweigen über Lehre und Heilungstaten deutet das Credo mit großer Gebärde auf dieses Eine: Das Christentum ist im wesentlichen nicht eine Lehre und auch nicht eine sozial heilende Bewegung unter den Menschen. Als »Lehre« würde es sich gar nicht so sehr von den anderen Religionen abheben. *Das Christentum ist in erster Linie ein Ereignis.* Nämlich das die Weltgeschichte umstürzende Ereignis der Gottesgeburt und des Gottestodes auf Erden. Dies macht seine Einzigartigkeit unter allen Religionen aus. Christus bahnt sich den Weg zur Menschheit durch seine Geburt im Erdenmenschen und – in gleicher Richtung fortschreitend – durch den Tod auf Golgatha. Diese tragenden Eckpfeiler des Christentums sind es, die das Credo herausmeißelt und dem Glauben verdeutlicht.

Der Satz vom Tode Christi hebt in aller Kürze hervor, daß dieser unter Pontius Pilatus geschah, daß er ein Tod am Kreuz war, daß er vom Christus Jesus erlitten wurde und daß der Leib des Herrn in das »Grab der Erde« versenkt worden ist: lauter Einzelheiten, die wie mit wuchtigen Hammerschlägen herausgearbeitet und vom Credo als entscheidende Tatsachen festgehalten werden. – Wieso kommt es auf die Erwähnung des römischen Beamten an, unter dem Verurteilung und Kreuzigung geschahen? Sein

Name ist neben dem Jesu Christi selbst und dem der Mutter Maria der einzige, der im Credo vorkommt. Nichts von Petrus oder Johannes oder einem andern Jünger, die doch ein tausendmal größeres »Anrecht« auf Nennung in dieser Urkunde des Christentums hätten als ausgerechnet der für die ungerechte Verurteilung Verantwortliche! Kurzum: wie kommt der Gegenspieler zu dieser Ehre, wie kommt Pontius Pilatus ins christliche Credo?

Sicherlich nicht durch Zufall oder Vorliebe. Wiederum beschränkt sich das Credo unter Weglassung aller einer Erwähnung würdigen Personen auf etwas Entscheidendes: Der Kreuzestod wird als *geschichtliche*, nicht etwa nur ideelle Tat charakterisiert. Er fand zu einem bestimmten Zeitpunkt in Jerusalem statt, nämlich zu jener dokumentarisch nachgewiesenen Zeit, als Pilatus dort römischer Prokurator war. Nicht irgendwann, sondern eben damals, in den Jahren zwischen 26 und 36 unserer Zeitrechnung. Mag die Rolle dieses Beamten noch so zwiespältig, der den Tod Christi fordernden Priesterschaft gegenüber schwächlich gespielt worden sein – Pilatus dient dem Christentum zur geschichtlichen Markierung seines eigentlichen Ausgangspunktes. Pilatus wirkte, ohne es zu wissen, mit der Vorsehung zusammen, die den Opfertod geschehen ließ, als »die Zeit erfüllt« war. (Das mag ein Grund dafür sein, daß Pilatus in der äthiopischen Kirche sonderbarerweise sogar als Heiliger verehrt wird.) Es kommt eben dem Christentum darauf an zu zeigen, daß jenes höchste geistige Ereignis des Todesmysteriums Christi zugleich eine wirkliche irdische, historische Tatsache gewesen ist.

Der Tod am Kreuz war nicht nur ein furchtbarer, es war ein niedriger, schimpflicher Tod, mit dem die gemeinsten Verbrecher bestraft wurden. Bis in alle Tiefen menschlicher Not – will das Credo sagen – wurde er von Christus erlitten. Und doch: dieser Tod am Kreuz war gleichzeitig ein höchstes Weltsymbol. Nach der Schau der großen vorchristlichen griechischen Philosophie Platos galt die Seele der Welt als in Kreuzesform* an den stofflichen Weltenleib gefesselt. Jetzt war – so wußten es die Christen – diese Weltenseele Mensch geworden und hatte das große Erdenschicksal im Ereignis von Golgatha zum Ausdruck und zum Bewußtsein der Menschen gebracht. So haben die Ereignisse um Christus zwar mythische Größe, sind aber keineswegs nur Mythos. Christus ist ein übersinnlich-geistiges Wesen, aber er ist es nicht nur. Das Credo will sagen, er ist Mensch gewesen in vollem Maße, er ist in die geschichtliche Ebene eingetreten, hat den herrschenden Mächten der Erdenwelt gegenübergestanden und hat dabei den Tod am Kreuz erlitten. Es gab von der urchristlichen Gnosis an Meinungen, die dieses gerade nicht erfaßten und die sich bis in die Gegenwart fortsetzen. Man dachte und denkt, Christus habe sich nicht wie ein Mensch voll im Leibe verkörpert, sondern die Evangelien schilderten ideelle Vorgänge. Hier wird ausdrücklich betont, daß es auf das Erfassen der geschichtlichen Tatsache ankommt.

Dann wurde der tote Leib des Erlösers »ins Grab der Erde versenkt«. Im apostolischen Glaubensbekenntnis

* Wörtlich: in Form eines X (so im »Timaios«).

heißt der unserem Wortlaut entsprechende Satz: »Gelitten unter Pontius Pilatus, gekreuzigt, gestorben und begraben.« Wir haben auch hier schon jene Erwähnung des Pontius Pilatus. Im zweiten Teil des Satzes müssen wir aber eine Erweiterung beachten. Während der alte Wortlaut einfach »begraben« sagt, heißt es im Credo der Christengemeinschaft: Er ist in das Grab der Erde versenkt worden. Warum diese scheinbar umständliche Ausdrucksweise? Genügte nicht »in ein Grab gesenkt«? Das Credo deutet mit seiner feierlichen Sprache an dieser Stelle an, daß im Grunde nicht nur die Gruft des Josef von Arimathia am Rande der Schädelstätte Golgatha den Leichnam des Christus Jesus in sich aufgenommen hat, sondern daß damit zugleich geistig-physisch die ganze Erde sein Grab wurde. Die Erde – ist sie nicht infolge der unzähligen auf ihr Gestorbenen ein einziges gewaltiges Grab? Ihr wurden die Reste des von Gott durchdrungenen Leibes – jener sterblichen »Hülle«, von der im vierten Satz die Rede war – als kostbarster Besitz einverleibt. Das Geschehen war weit größer, als ein persönliches Sterben und Begrabenwerden je sein könnte, es hatte die kosmische Dimension eines Ereignisses für die Menschheit und die ganze Erde.

Während in der Erwähnung des Pontius Pilatus die Betonung bei der historischen Wirklichkeit des Vorganges lag, wird hier angedeutet, daß Tod und Begräbnis Christi mehr sind als eine einzelne geschichtliche Tatsache. Hält der Anfang des Satzes die *Tatsache* fest, so kommt hier in der zweiten Hälfte die gleichzeitige »Mystik« des Vorganges zum Ausdruck. Wie Rudolf Steiner in seinem grundlegenden Werk »Das Christentum als mystische Tatsache«* dargelegt hat, ist eben das Christentum dadurch besonders gekennzeichnet, daß es sowohl historische Tatsache als auch ein übergeschichtlicher, innerer, also mystischer Vorgang ist. Während sich sonst äußere geschichtliche Tatsachen und mystische Vorgänge auf durchaus verschiedenen Ebenen abspielen, fällt beim Tode Christi geschichtliche Wirklichkeit und geistiges Ereignis vollkommen zusammen. Das eben ist das Besondere und Weltumwälzende des Mysteriums von Golgatha. Durch eine leise Wendung des Wortlautes wird das im Credo spürbar.

»Der Christus Jesus hat unter Pontius Pilatus den Kreuzestod erlitten und ist in das Grab der Erde versenkt worden« (vierter Satz des Credo).

* Als Taschenbuch im Verlag Freies Geistesleben, Stuttgart

Beistand für die Verstorbenen

Dem zuletzt besprochenen Satz vom Kreuzestod folgt ein weiterer, der aus dem sichtbaren, geschichtlichen Geschehen zu der unsichtbaren, nur geistig wahrnehmbaren Seite des Christus-Todes hinüberführt. Er deutet auf die Besonderheit und einzigartige Bedeutung des Sterbens Christi.

Nach den dramatischen Ereignissen der Verurteilung, Geißelung, Dornenkrönung, Verspottung, Kreuzigung und der fürchterlichen Qual am Kreuz unter Dunkelheit und Erdbeben ist mit dem Tod des Christus und seiner Grablegung am Karfreitagnachmittag tiefe Ruhe eingetreten. Römische Soldaten bewachen das einsam gewordene Grab. Die Jünger befinden sich in ihren vier Wänden. Das Volk hat sich nach dem Lärm des Rüsttages zur Vorbereitung des Passahfestes in die Häuser zurückgezogen. Aber: nach dem Credo bildet die äußere Stille nur den Mantel, der große, folgenschwere Geschehnisse im Seelenbereich verbirgt. Der Kampf ist nicht zu Ende, nachdem Christus ausgelitten hat. Auf anderer Ebene geht das Ringen ebenso welt-dramatisch weiter. Christus ist anders gestorben, als je Menschen gestorben sind. Er durchschreitet die Todespforte nicht um seiner selbst willen, sondern für die Menschheit. Bei aller äußeren Ohnmacht geht er innerlich einen freien Opfergang. Tätig geht er den Tod als solchen an und – durchbricht dessen Schranken. Dadurch aber trägt er Bewußtseins-Licht und geistige Kraft in diese dunkelste Tiefe menschlichen Lebens. Sein tathafter Tod macht ihn zum Erlöser anderer Seelen.

Einen Hauch solchen Beistands-Charakters haben auch sonst in der Menschheit je und je die Tode gehabt, die als echte Opfer gestorben wurden. Eltern haben in Gefahren das eigene Leben für ihre Kinder hingegeben, diese in äußerer Beziehung als Waisen zurücklassend, um sie dennoch vom Geiste her zu geleiten. Junge Menschen haben sich ihrerseits zu allen Zeiten für Volk und Land eingesetzt, leiblich zwar untergehend, aber doch als schützende Genien gegenwärtig. Auf diesem Wesensgeheimnis des Opfers beruht die echte Heldenverehrung und – bei geistigen Kämpfen – die Kraft des Märtyrertums.

Jedoch: das menschliche Opfer vermag sich mit dem göttlichen nicht zu messen, denn der Mensch »unterliegt« dem Tode; dieser ist die notwendige Folge menschlichen Eigenseins und Verfalls an die Materie. Ein Mensch kann durch opfervolle Hingabe mit höherer Hilfe der Todesgewalt einen Teil seines geistigen Wesens streitig machen und dadurch einem andern Menschen, einer Menschengruppe, ja einem Volke zum Helfer werden. – Christus hatte kein persönliches Schicksal zu tragen und dem Tode keinen Sündensold zu entrichten. Er kam aus lichtesten Höhen zur Erde, lebte und starb für die Menschheit. Sein Tod griff ein in deren gesamtes Schicksal. »Wer an mich glaubt, wird leben, ob er gleich stürbe« (Joh. 11, 25).

Was das Credo mit dem hier ins Auge gefaßten Satze sagen will, ist nichts geringeres als dies: Durch Christi Sterben ist seither eines jeden Menschen Sterben der Möglichkeit nach entscheidend verändert worden. Aber nicht so, daß der Tod als solcher abgeschafft wäre. Nicht darin kann die vom Christentum stets gelehrte »Erlösung vom Tode« bestehen, daß der Mensch einfach den natürlichen Gesetzmäßigkeiten irdischen Daseins enthoben würde. Die gehören zu ihm. Aber Wesen und Art dieses bedrohlichen Übergangs aus dem leiblichen in das seelisch-geistige Leben sind verwandelt. »Tod, wo ist dein Stachel, Hölle, wo ist dein Sieg?« (1. Korinther 15).

Die Tat von Golgatha geschah nicht nur für den damaligen Zeitpunkt. Sie wirkte sich aus in die Zukunft hin und – so sagt das Credo – auch nach der Vergangenheit. Sie befreite Seelen, die damals bereits zu den Gestorbenen zählten. Nicht nur die lebenden Menschen, auch die nicht mehr lebenden waren erlösungsbedürftig. Denn sie befanden sich in einem Zustand besonderer Gottentfremdung. Sie konnten das Bewußtsein ihres Ursprungs, ihres gottgewollten Seins und ihres Lebenszieles nicht aufrechterhalten. Sie versanken in einen dumpfen Geistesschlaf, ohne den Funken ihres Ich spüren zu können. Sie hatten, wie das Credo sagt, »ihr göttliches Sein verloren«. Nicht zu allen Zeiten gerieten die Menschen sterbend in diesen Zustand. Das ursprünglich leuchtende Licht des Geistes aus paradiesischen Zeiten hatte sie lange nachglänzend bis in den Tod und in »Abrahams Schoß« geleitet. Aber es entschwand immer mehr. Als Christus zur Erde kam, war es vollends am Erlöschen. Er trug das Himmelslicht neu auf die Erde, ja selbst in den Bereich des Todes. Deshalb kann er selbst zum Schächer am Kreuz sagen: »Heute noch wirst du mit mir im Paradiese sein.«

Als Christus jene dunkle Pforte aufgestoßen hatte, bewirkte er einen Sonnenaufgang in der Seelenwelt, im Bereich der Toten. Noch ehe er aus dem Grabe der Erde am Ostermorgen auferstand, hatte er Auferstehung im Totenreich bewirkt und die Seelen zu neuem, höheren Leben geweckt. Dies ist das verborgene, aber die Welt umstürzende Geschehen des stillen Karsamstags. Christus war der »Beistand der verstorbenen Seelen« geworden.

*

Nun vergleichen wir das hier Dargestellte mit dem entsprechenden Satz im überlieferten Credo in der Gestalt des Apostolikums. Er heißt, wie wir sogleich erkennen: »Niedergefahren zur Hölle«. Der oben geschilderte Glaubensinhalt und nichts anderes ist mit diesen bildhaften drei Worten gemeint. Dem heutigen Bewußtsein sind sie allerdings nahezu unverständlich verschlüsselt und rätselhaft.

Wieso »niedergefahren«? Um diese Frage zu klären, muß man wissen, daß die alten Kulturen von einer Unterwelt sprachen, in welcher die Seelen der Verstorbenen sich aufhalten mußten. Eine primitive Auffassung heutiger Gelehrsamkeit meint, die Alten hätten dabei nur an einen Ort unter der Erdoberfläche gedacht. Das räumliche »Unten« gehört zur Bildsprache von geistig-seelischen Tatbeständen. Man erlebte die Toten in eine Seelenwelt gebannt, die unter dem Niveau des irdischen Lebens und Bewußtseins lag. Es war eine dunklere, schattenreiche

Welt, die nur ein halbes Dasein gestattete. Die Israeliten nannten sie »Scheol«, die Griechen »Hades«. Viele Stellen des Alten Testaments, in den Psalmen, den Büchern Mosis, im Buch Hiob, bei den Propheten kennen dieses Totenreich. Aus der griechischen Literatur ist die Hades-Schilderung der Odyssee besonders bekannt. Diese antiken Vorstellungen werden im Neuen Testament als Spiegelungen geistiger Wirklichkeit vorausgesetzt. Das Christentum nimmt sie auch im Credo voll ernst.

Dem heutigen Verständnis steht aber außer der Anforderung an unser Bewußtsein, die in dieser Aussage liegt, auch die Übersetzung durch Luther im Wege. Er gibt den lateinischen Satz des Apostolikums »Descendit ad inferna« (oder »ad inferos«, griechisch »eis ton hádēn«), abgestiegen zur Unterwelt, mit »niedergefahren zur Hölle« wieder. Nun stammt das Wort Hölle zwar vom altgermanischen »hel« her, das ursprünglich dasselbe meint wie das hebräische Scheol und das griechische Hades. Aber mit »Hölle« hat sich im gesamten deutschen Sprachbereich die ganz andere Bedeutung des Ortes der göttlichen Strafe und Verdammnis verbunden, wofür das Hebräische den Ausdruck »gehenna« kennt. Man muß also zum Verständnis des »Niedergefahren zur Hölle« von »Hölle« im üblichen Sinne völlig absehen und dafür »Welt der Verstorbenen« denken. *Dann* führt uns der runenhafte kurze Satz des alten Credo schon näher an das Geheimnis heran, wenn er auch völlig offen läßt, warum Christus »niedergefahren« ist und was dadurch bewirkt wurde.

Die Volksdichtung* weiß es viel genauer. Mit ungeheuer einprägsamer bildhafter Anschaulichkeit schildert das bekannte niederdeutsche »Redentiner Osterspiel« von 1464, wie Christus die Pforte der »Vorhölle« durch sein Sterben durchbricht und zur Verzweiflung von Satanas und Luzifer die Seelen der Väter, von Adam und Eva bis zu den Propheten, befreit.** Unzählige Malereien des Mittelalters haben dieses Geleit aus dem Todesrachen ebenfalls dargestellt.

Aber, von der Bestätigung und Klärung durch die Geisteswissenschaft Rudolf Steiners zunächst abgesehen: worauf stützt sich dieser christliche Glaube? Auf Aussagen des Neuen Testamentes! Und zwar sprechen die Apostel Petrus und Paulus von diesen Mysterien: 1. Petrus 3.19, 46; Epheser 4.9; Römer 14.9. Matthäus erwähnt in der Rede Christi Kap. 16. 18 die »Pforten des Totenreichs«; Johannes in der Abschiedsrede Christi Kap. 14. 2 die (neuen) Wohnungen in des Vaters Hause. –

»In demselben (Geist) ist Christus auch hingegangen und hat gepredigt den Geistern im Gefängnis...« »Sie werden Rechenschaft geben dem, der bereit ist, zu richten die Lebendigen und die Toten. Denn dazu ist auch den Toten das Evangelium verkündet, auf daß sie zwar nach der Menschen Weise am Fleisch gerichtet werden, aber nach Gottes Weise im Geiste das Leben haben« (1. Petrusbrief 3, 19 und 4, 6 nach Luther).

* Nach dem apokryphen Nikodemus-Evangelium.

** Vgl. die Ausgabe von Hartmut Wittkowsky im Verlag Urachhaus Stuttgart.

Der erste Teil des fünften Satzes im Credo heißt:
»Im Tode wurde er der Beistand der verstorbenen Seelen, die ihr göttliches Sein verloren hatten.«

Todesüberwindung

Der zuletzt besprochene Satzteil handelte von dem Geschehen am ersten Karsamstag. Mit dem nun folgenden lapidar-kurzen Satz wendet sich das Credo dem Oster-Ereignis zu. Der triumphierende Jubel des Ostermorgens sprengt fast seine wenigen Worte. Der Tod ist überwunden! Der Kultus drückt den Übergang vom Karsamstag zum Ostersonntag in seiner Bildsprache durch den tiefeindrucksvollen Wandel der Farbe an Altar und Priestergewand aus: vom dunklen Schwarz zum leuchtenden Rot. Mit der Kunde von der Tod-Überwindung wird das Wichtigste, das Entscheidende des Christentums ausgesprochen. Eine Weltenwende ist eingetreten. Bis dahin hatte der Tod seine Macht auf der Erde mehr und mehr befestigt und sich stärker erwiesen als alles menschliche Glauben und Hoffen. Er hatte die Menschen von ihrem Ursprung aus Gottes Odem und Gnade erbarmungslos getrennt, ihnen die Erinnerung an die paradiesische Gemeinschaft mit höheren Wesen ausgelöscht. Jetzt hatte ein höchster Held sich auf den Tod, den »Fürsten dieser Welt« eingelassen, ohne daß dieser »Teil an ihm gewann«. Christus starb am Kreuz. Aber das Geistbewußtsein des Gottesmenschen war so stark, unabhängig und leibfrei, daß der Tod es nicht zu verdunkeln vermochte. Christus hat nach dem Zeugnis der Evangelien und der Schauenden ohne Zweifel Unermeßliches durchgemacht und gelitten wie nur je ein Mensch, aber das Leiden hat seine große Seele nicht überwältigen können. Noch viel mehr: nicht nur den Schmerz hat er siegend verwandelt, sondern auch den gequälten Leib. –

Woraus besteht ein menschlicher Körper? Aus lauter auch in der übrigen Natur vorkommenden Stoffen? Scheinbar ja. Aber alle die Salze, Gewebe, Flüssigkeiten und Gase, welche das Blut, die Häute, die Knochen, Muskeln, Gefäße, Nervenzellen bilden, gehören einer höheren Lebensordnung an, solange sie in den lebendigen Leib einbezogen sind und ihm dienen. Nicht sie können als das Eigentliche des Leibes gelten, denn sie werden im »Stoffwechsel« fortwährend ausgetauscht – aufgenommen und wieder abgegeben. Jeder Atemzug, jede Nahrungsaufnahme bewirkt dieses Kommen und Gehen der Stoffe. Nach kaum sieben Jahren, so weiß es die Wissenschaft*, ist kein Atom der Stoffe mehr im Leibe, das vorher darin war. Ein ihnen Übergeordnetes, sie Empfangendes, Einordnendes, Abstoßendes muß also am Werke sein, das allein die Bezeichnung »Leib« tragen darf. In seiner unendlich komplizierten, weisheitsvollen Funktion und mit seinem ständig pulsenden Leben ergreift dieser Leib die Materie, die ihm ihre Natur leiht und ihn greifbar-sichtbar macht. Er selbst ist mehr als Materie: ein Kraftgebilde höherer Art.

Ja noch mehr. Dieser aus Naturstoffen gewobene, besser gesagt: sie in sich einwebende Leib trägt sogar geistig-

* Durch die Isotopen-Forschung deutlich belegt.

persönliche Züge. Er ist nicht nur Leib im allgemeinen, der Leibes*natur* nach gebaut, sondern Ausdruck des einen, einzigartigen Menschen, dem er gehört. Was wir damit meinen, wird durch die Tatsache illustriert, daß wir einen Menschen an seinem Leibe persönlich erkennen, ja daß wir ihn trotz seines Alterns auch nach sieben und mehr Jahren der Trennung wiedererkennen, wenn – wie gesagt – kein Atom der Stoffe in ihm mehr das gleiche ist. Das Kraftgebilde Leib zeigt, daß es keineswegs nur Natur ist, sondern dem Geiste, dem »Ich« des Menschen nahesteht.

Aber – und das ist das Rätsel des Lebens – es entfällt dem persönlichen Geiste beim Tode. Sobald das Leben weicht, geht der Stoff des Leibes die Wege der allgemeinen Natur: Verwesung tritt ein. Und zwar nicht nur die Materie geht dem geistigen Menschen, der sich ihr im Leben verbunden hatte, verloren, auch die so lebensvolle Leibes*gestalt* verfällt der Todesgewalt. Noch ist sie kurze Zeit, vielleicht besonders rein und eindrucksvoll, sichtbar, nämlich als Leichnam in den ersten drei Tagen nach dem Tode, doch dann wird sie erbarmungslos zerstört. Kann dieses hohe Kunstwerk, dieser Siegelabdruck des Geistes, nicht gerettet, verwandelt, emporgetragen werden? Nein. Der Tod ergreift es zusammen mit der zur Natur gehörigen Materie und löst es auf. Seele und Geist des Menschen werden im Sterben von ihrem leiblichen Instrument getrennt, müssen ganz andere neue Wege gehen, und – verfallen hinsichtlich eigener Tätigkeit zunächst einer Art Ohnmacht.

Wir haben damit von einer bestimmten Seite her das Todesschicksal des gewöhnlichen Menschen geschildert.

Was aber geschah bei dem außergewöhnlichen, einmaligen Ereignis des Todes Christi? Während ein Mensch sonst »seinen« Leib nur als Leihgabe empfängt und benutzt in tiefer Unbewußtheit über die meisten jener wunderbar weisheitsvollen Funktionen in seinen Organen, ihn also kaum kennt und beherrscht und daher auch der Todesgewalt überlassen muß, wenn das ihn tragende Leben weicht, – haben wir in Christus einen Geist vor uns, der mit weit übermenschlicher Kraft seinen Leib bis in alle Fasern und Knochen zu durchdringen vermochte. Jenes Kraftgebilde des Leibes, von dem wir im allgemeinen sprachen, ist bei Jesus Christus vom denkenden, fühlenden, wollenden göttlichen Bewußtsein voll erfaßt. Das Verhältnis des Gottesmenschen zum Leibe ist ein ganz anderes als bei dem der Sünde verfallenen, seinem Leibe im Grunde wie einem Fremdkörper oder einem Versucher gegenüberstehenden Menschen. So kann es geschehen, daß Christus beim Sterben auf Golgatha jenes höhere Kraftgebilde Leib vom Geiste her zu halten vermag und es dem Leichnam im Grabe entringen kann. Es bleibt dem Geiste verbunden, nur die materiellen Bestandteile fallen der Erde anheim. Das Grab ist leer! Eine mächtige Verwandlung ist geschehen, der neue Leib, der Auferstehungsleib ist geboren. Christus kann den Jüngern nach dem Ostermorgen in einer Gestalt erscheinen, die zwar geistigen, zugleich aber im eigentlichen höheren Sinne leiblichen Charakter trägt. Es ist ein den äußeren Augen seit der Himmelfahrt unsichtbarer, aber voll-wirklicher, kraftvoller und Kraft mitteilender Leib. Wie Matthias Grünewald ihn auf dem Isenheimer Altarbild gemalt hat:

gewaltig auffahrend und eingetaucht in eine Welt von Licht.

Das Christentum lehrt nicht nur das Weiterleben Christi nach dem Tode auf Golgatha als eines Geistes. Es verkündet vielmehr die neue, höhere *Leibesgestalt dieses Geistes.* Auferstehungsleiblichkeit! Durch einen Schöpfungsakt Gottes des Sohnes ist damals ein solcher Leib erstmalig in der Weltgeschichte entstanden. Der Keim einer verwandelten Welt ist gelegt. Das bedeutet die »Überwindung des Todes«.

Jedoch: nicht mit einem Schlage geschaffen dürfen wir uns dieses unerhörte Ergebnis des Christus-Lebens und -Sterbens vorstellen. Ein Geisterringen unvorstellbarer Größe, das Eingreifen in die alten festgemauerten Fugen der Welt mag in den wenigen Worten verborgen liegen, die das Glaubensbekenntnis hier zu formen weiß. Es hat eine bestimmte Zeit gedauert, so sagt das Credo, bis das Grab gesprengt war und Ostern anbrach. Eine bedeutsame Frist von – behutsam, feierlich wird es ausgesprochen – »dreien Tagen«. Damit wird das Geschehen zwischen Karfreitag und Ostersonntag in jene Vorgänge der Menschheitsgeschichte eingereiht, die man seit der griechischen Kultur als »Mysterien« bezeichnete. Nicht nur eingereiht. Es stellt das eigentliche, höchste Mysterium der Weltgeschichte dar, den Sinn und das Ziel aller wahren Mysterien-Sehnsucht. Aber es verläuft nach einem ähnlichen zeitlichen Gesetz wie alle jene Übungen und Versuche der Menschheit, durch einen bewußten Gang zur Todeswelt Verwandlung zu neuem, höherem Menschentum zu erlangen. Einst wurden bei einzelnen Völkern die

Geistesschüler an verborgenen Orten in einen Tempel-Todesschlaf versenkt, um nach drei Tagen mit neuem Bewußtsein und neuer Kraft als »Eingeweihte« auferweckt zu werden. Sie vermochten dann geistige Führer der anderen Menschen zu werden. Nie aber starben sie dabei, wenn die Einweihung gelang, einen vollen leiblichen Tod, um in einem neuen *Leibe* aus dem Grabe zu steigen. Es war mehr eine seelisch-geistige Verwandlung, die sie unter Anleitung priesterlicher »Hierophanten« durchmachten. Eine leibliche fand nur andeutungsweise statt. Christus wird von keinem Seelenführer »eingeweiht«. (Die Taufe im Jordan durch Johannes den Täufer kann als eine Vorstufe, als erster Anfang des großen Mysteriums gelten.) Christus geht frei und selbständig, vor aller Augen, in den Opfertod und vertieft die Einweihung über die seelische hinaus zur leiblichen Auferstehung. Damit sind die alten Mysterien, so ehrwürdig sie einst gewesen sein mögen, abgelöst und überhöht. Dennoch fortgeführt, sehen wir sie vielfach dekadent, ja unrein werden. Der Anschluß der Menschenseelen, die zum Geiste streben, an Christus und seine Tat tritt weltgeschichtlich an ihre Stelle: »Mit Christus sterben wir.«

Was in unserem Credo-Wortlaut als »Überwindung des Todes« bezeichnet wird, nennt das Apostolikum mit dem überlieferten Namen »Auferstehung von den Toten«: »Am dritten Tage wieder auferstanden von den Toten.« Kurz vor der »Auferweckung des Lazarus«, jener im Evangelium kaum verschleierten Einweihung eines geliebten Schülers durch Christus selbst als Geistesführer, die im 11. Kapitel des Johannesevangeliums berichtet wird, weist Christus auf den Zusammenhang der Aufer*weckung* mit seiner – bevorstehenden – Aufer*stehung* (im neuen Leibe) und auf ihre Bedeutung für jeden Menschen hin:

»Ich bin die Auferstehung und das Leben. Wer mich im Glauben in sich aufnimmt, wird leben, auch wenn er stirbt, und wer so lebt und mir vertraut, der wird dem Tode nicht verfallen im Zeitenlaufe.«

Der heutige Mensch fragt zwar: Ja, wieso ist der Tod überwunden? Wo wird denn die Erlösung sichtbar? Hat der Tod nicht seit Christi Leben erst recht gewütet und die Erde sogar mit umfaßt? Und dennoch: gerade im Sterben wird die Kraft Christi erfahren, und in der Erde keimt Verwandlung.

Die Todesüberwindung durch Christus hat Folgen für die Menschheit und den Gang ihrer gesamten Entwicklung.*

Der zweite Teil des fünften Satzes:
»Dann überwand er den Tod nach dreien Tagen.«

* Wer sich für die Hintergründe alter und christlicher »Einweihung« interessiert, den weisen wir auf Rudolf Steiners Darstellungen hin, vorab auf die schon erwähnte am Anfang des Jahrhunderts (1902) erstmals erschienene Schrift »Das Christentum als mystische Tatsache«, die gerade für die biblischen Aussagen und Tatbestände die Augen neu zu öffnen vermag. Als Taschenbuch im Verlag Freies Geistesleben, Stuttgart.

Himmelskräfte auf Erden

Die Überwindung des Todes, von der das vorige Kapitel handelte, leitet einen grundlegend neuen Abschnitt der Weltgeschichte ein. Von dem Geschehen auf Golgatha geht die neue Zeit aus. Zwar vollzieht sich dies weitgehend im Verborgenen, außerhalb des Bewußtseins der meisten Menschen. Und doch drückt es sich darin aus, daß die christliche Zeitrechnung eingeführt wurde und sich bei den meisten Kulturvölkern durchsetzen konnte. Sie hebt bei Christi Geburt an, durch seinen Tod erhält sie ihre volle Berechtigung und Kraft.

Äußerlich betrachtet, hat Christus durch seinen Tod Raum und Zeit, Erde und Erdengeschick wieder verlassen. Der christliche Glaube weiß es anders, und das tritt im Wortlaut des Credos der Christengemeinschaft voll und prägnant zutage. Es spricht aus, was »seit dieser Zeit« durch Christus auf der Erde geschieht: etwas, das vorher nicht geschah, das also neu eingesetzt hat. Die Zeitrechnung »von Christi Geburt« – von seinem ganzen Leben und Sterben – an ist danach eben weit mehr als eine neue Zählung, die von einem den Christen wichtigen Gedenktage ihren Ausgang nimmt: ein Ausdruck vielmehr der veränderten, ihrem Wesen und Gehalt nach erneuerten Zeit.

Von der einen Seite her gesehen ist das Christentum

vom Leben und vom Kreuzestod Christi ausgegangen. Der Apostelkreis schloß sich zusammen, bildete die Urgemeinde in Jerusalem, wurde verfolgt, zog in die Welt hinaus und breitete die Kunde von Christus aus. Ist das aber alles? Der christliche Glaube weiß von der inneren Seite des gleichen Geschehens: Christus selbst wirkt, jetzt nicht mehr in Menschengestalt, auf der Erde weiter. Was die Apostel, die Urchristen, die Evangelisten tun, ist nur Dienst an diesem höheren Wirken; sie stellen sich dem Heiligen Geist zur Verfügung. Christus selbst ist es, der sie befeuert und erleuchtet, ihnen neue Gedanken schenkt, die Liebe zu den Menschen und den Bekennermut bis in den Märtyrertod.

Wie vollzieht sich nun aber der Schritt vom geschichtlichen Tod auf Golgatha und der Todesüberwindung zu dem die Geschichte der Erde und Menschheit neu begründenden Weiterwirken Christi? Auf diese Frage antwortet das Glaubensbekenntnis zwar nicht unmittelbar, aber doch völlig deutlich: durch die *Himmelfahrt.* Denn nun sagt es, daß Christus mit Himmelskräften weiterwaltet. Die Himmelfahrt bedeutet keineswegs – wie man jahrhundertelang angenommen hat – einen Abschied Christi. Ein solcher würde seinem Worte »Siehe, ich bin bei euch alle Tage« widersprechen. Auch der Himmelfahrtsbericht in der Apostelgeschichte des Lukas (1. Kapitel) betont mit dem ausdrücklichen Hinweis auf das höhere Kommen Christi dessen Gegenwärtigkeit für die Erde.

Das »Himmelfahrt« genannte geistige Geschehen dürfen wir erkennen als den Übergang vom räumlich-irdisch-menschlichen Wirken Christi zu jener andern, übersinnlichen Schaffensart. Christus bleibt der Erde verbunden, verfügt aber jetzt über »Himmelskräfte«, die er im Erdenleben nicht anwandte. Jetzt wirkt er nicht mehr in Palästina um die Zeit des Regenten Pontius Pilatus, sondern über-räumlich, über den ganzen Kreis der Erde hin. Unabhängig von Raum und Zeit ist er an jedem Ort der Erde zu finden. – Noch einmal: nicht das Christentum breitet sich auf den Spuren der Apostel über die Welt aus, sondern die Christen folgen bei ihrer Missionstätigkeit den Spuren des Herrn. »Gehet hinaus in alle Welt und verkündet das Evangelium aller Kreatur« (Markus 16, 15).

Damit sind wir der großen Frage, was denn eigentlich »Himmelskräfte« auf der Erde sind, einen Schritt näher: die Allgegenwart Christi über den Erdkreis hin ist eine solche himmlische Kraft. Seit der Himmelfahrt kann zu Christus dem Gottessohn gebetet werden. Aber das ist wohl nur *eine* Antwort auf jene Frage; wir finden noch andere. Wo sprach das Credo außer an dieser Stelle bereits von der *Erde?* Im zweiten Satz stellte es das Ersterben des Erdendaseins fest und nannte im fünften das Christus-Grab das »Grab der Erde«. Die Erde besäße aus sich selbst heraus nicht mehr die Kraft der Wiederbelebung. Ihr Schicksal wäre – ohne Christus – letzten Endes, ein großes Grab der Menschheit und der Kreatur zu werden, nichts als ein Grab. Aus dieser Lage konnte ihr nur vom geistigen Weltall, von dem, was die Bibel den Himmel nennt, her geholfen werden. Neue himmlische Lebenskräfte mußten ihr eingefügt werden, damit Erde und Menschheit einmal auferstehen könnten. Kräfte aus dem Born des Schöpfers, die das Leben bis in die Kreatur und Natur hinein zu verjüngen und zu erneuern vermögen. Paulus hat davon gewußt, wenn er das »Seufzen« der Kreatur vernahm, die »auf die höhere Offenbarung harrt«. Allerdings kann diese nicht ohne die Menschen erfolgen, die »Söhne Gottes«. Deshalb sind die Spuren der neuen Himmelskräfte vor allem im menschlichen Bereich zu suchen: in einem Denken, das lichtvoll die Wahrheit faßt, im Gewissen, in der Liebe, in der selbstlosen Arbeit und Hingabe, in der Selbstüberwindung. Goethe sprach in seiner Fragment gebliebenen Dichtung »Die Geheimnisse« von dieser Seite her von dem in die Erde gesäten Geistesfunken – von dem »schwer verstanden Wort«: »Von der Gewalt, die alle Wesen bindet, / befreit der Mensch sich, der sich überwindet«. Hier, im Inneren der Menschenbrust sah er das verborgene Christentum, den übersinnlichen Christus wirksam.

Das Credo bezeichnet den helfenden Genius von Menschheit und Erde als den »Herrn der Himmelskräfte«. »Herr« ist einer, der unabhängig und frei zu verfügen vermag. Während ein Mensch stets Elemente der Unfreiheit in sich trägt (von »Gewalten« her, die »alle Wesen binden«), hat Christus jene Kräfte frei zu seiner Verfügung. Er wendet sie an, regt sie dadurch auch in den Menschen an und gibt sie weiter; von ihm strahlen sie aus, wie Licht und Wärme von einer Sonne. Wo immer sie im irdischen Bereich auftreten, sind sie die seinen.

Dies und nicht eine äußere oder geistige Gewaltherrschaft ist gemeint mit dem Himmelfahrtswort Christi: »Mir ist gegeben alle Gewalt im Himmel und auf Erden« (Matthäus 28, 18). Der Sohn Gottes greift helfend-gestaltend in die Weltregierung ein. Wenn daraufhin auch der Heilige Geist in Menschenherzen aufflammt, ist die göttliche Dreieinigkeit *Vater, Sohn* und *Geist* als die christliche Gottes-Anschauung begründet. An dieser Stelle geht das Credo von der Feststellung, wer Christus *ist,* über zu der Aussage, daß er *lebt.* Indem er Herr über die Himmelskräfte *ist,* gleicht er Gott dem Vater. Nun wird aber – bis in die Ausdrucksweise – das Neue hinzugefügt: Christus *lebt* nach der Tod-Überwindung als Gottessohn mit der Schöpfung weiter, beteiligt an ihrem Schicksal, ihrer Entwicklung, ihren Zielen. Er »lebt als der Vollführer der väterlichen Taten«. Welche Taten das sind, hat das Glaubensbekenntnis in seinem ersten Satz ausgesagt. Sie bestehen im Tragen, Ordnen und Heilen der Welt, im Vorangehen Gottes, der seine Geschöpfe nach sich zieht und zum Leben weckt.

*

Nun richten wir den Blick wiederum auf den entsprechenden Wortlaut des Apostolikums. An der Stelle, wo es in unserem Credo heißt: »Er ist seit dieser Zeit der Herr der Himmelskräfte«, steht dort »Aufgefahren zum Himmel«, anstelle von »lebt als der Vollführer der väterlichen Taten des Weltengrundes« – dort »sitzend zur Rechten Gottes, des allmächtigen Vaters«. Durch die dem Gedanken eher zugängliche Formulierung des erneuerten Credo wird deutlich, was mit dem altehrwürdigen Bilde des »Sitzens zur Rechten Gottes« gemeint ist; zum heutigen Menschen spricht dieses mehr rätselhaft-feierlich als Verständnis erweckend. Das Wort Herr im ersten Teil des Satzes im erneuerten Bekenntnis besagt etwas von jenem »Sitzen« oder »Thronen« an der Seite Gott-Vaters. Im zweiten Teil hellt das Wort »Vollführer« auf, inwiefern die alten Christen Christus gerade an der *rechten* Seite Gottes sitzend schauten. Die rechte Hand ist diejenige, mit der der Mensch tätig in die Welt eingreift – durch seine Arbeit. So sah man Christus als Gottes rechte Hand eingreifen in das Weltgeschehen. Jetzt ist aber bis in den Wortlaut die erhabene Statik abgelöst durch eine Dynamik göttlichen Schaffens für die Erde in Vergangenheit (»seit dieser Zeit«), Gegenwart (»er lebt«) und (wie wir im nächsten Abschnitt sehen:) Zukunft.

Von hier aus wendet sich unser Credo dem »Weltenfortgang« zu.

Sein sechster Satz lautet:

»Er ist seit dieser Zeit der Herr der Himmelskräfte auf Erden und lebt als der Vollführer der väterlichen Taten des Weltengrundes.«

Der Welten-Fortgang

Nachdem das Glaubensbekenntnis das Weiterleben des Christus nach dem Kreuzestod als eine Himmelswirkung auf Erden gekennzeichnet und seine Gegenwärtigkeit als ein schöpferisches Tun im Sinne Gottes des Vaters aufgefaßt hat, wendet es sich nun der Zukunft der Welt zu. Wir erinnern uns: Der erste Satz vom väterlich voranschreitenden Gotteswesen hatte in die Urvergangenheit (zum »Daseinsgrund«) geblickt. Der jetzt folgende neunte faßt das künftige Ergebnis der Menschheitsentwicklung ins Auge. Wir können auch sagen: Hier wird ein Ausblick auf den Sinn des Lebens gegeben. Denn: aus dem Geiste – des »geistig-physischen Gotteswesens« – stammen Schöpfung und Mensch. Sie sind durch das Erdenschicksal gegangen: durch das »Ersterben« der Erde, durch Sündenkrankheit und Todesringen. Einmal aber sollen Erde und Menschheit in ein neues Dasein übergehen – um die Frucht ihres Wachstums zu bringen, das Ergebnis alles Schicksals, aller Lust, Qual und Mühe. Und diese neue Welt wird – so sagt der christliche Glaube – wieder eine höhere, eine des Geistes sein. Wenn dieses hohe Ziel erreicht wird, dann hat alles Erdengeschick seinen Sinn gehabt. Denn der neue Weltenzustand ist nicht der gleiche wie der im Urbeginn, er wird vielmehr durch einen »Fortgang« gewonnen. Zwar kehrt die Menschheit zum Geiste zurück, aber nun ausgestattet mit der Folge ihres Zweifelns, ihres Suchens und Sehnens – mit freiem, tätigem Geist. Daraus ergibt sich: Die Menschheitsentwicklung beruht nicht auf einem blinden Zufall, sie bedeutet einen Schritt im Gange der Welt. Ja, sie trägt – jetzt noch verborgen – in sich ein übermenschlich großes Ziel: das der Verwandlung der Erde. Sie verläuft nicht nur in sich und für sich selbst; denn sie dient dem Fortgang der *Welt.* »Siehe, Ich mache alles neu.«

Niemals aber könnte dieses Ziel erreicht werden bloß durch die im Menschen selbst ruhenden Kräfte. Zu tief ist die Erde erstorben, zu leidvoll ist die Sünde zur Krankheit geworden, zu gewaltig haben sich Berge von Schuld und Schicksal aufgetürmt. Demgegenüber erweist sich die Menschenseele als rat- und machtlos. Ohne Hilfe von oben wäre sie den »Erdensklavenketten« (wie es in der Weihehandlung der Michaelizeit heißt) unrettbar verfallen. *Von Selbsterlösung kann keine Rede sein.* Deshalb sagt das Credo in aller Deutlichkeit: Christus wird es sein, der die Menschen »dem Tode der Materie entreißt«. Ein dramatisches Wort vom Ringen um den Menschen! Er als göttliches, der Menschheit durch scin Leben und Sterben auf Erden innig vereintes Wesen ist allein imstande, durch seinen übermenschlich-hohen Einsatz den Weltenfortgang mit der Menschheit zu bewirken, sie in den neuen Zeitenkreis oder »Äon«, das ist die »Ewigkeit«, hinüberzuführen.

Allerdings – *mit* der Menschheit. Er wird nicht etwa von oben herab kommen wie ein Fatum und durch einen Gnadenakt allein die Menschheit allem Übel entreißen.

Zur Erlösung und damit zum Weltenfortgang bedarf es der Mitwirkung der Menschheit. Ohne die entsprechende Haltung des Menschen kennt das Credo kein Heil. Deshalb betont unser Wortlaut: »Er wird einst sich vereinen... mit denen, die er durch ihr Verhalten dem Tode... entreißen kann.« Gott greift nicht ohne den Menschen machtvoll ein, er schafft das Böse nicht ab. Er macht nicht aus Steinen Brot. Der aus den Höhen kommenden göttlichen Hilfe kommt vielmehr von seiten des Menschen die Bereitschaft entgegen. Ihr Inhalt ist: das Erfassen des Christuswesens im Gedanken, das Einstimmen mit dem gläubigen Herzen, das tätige Christsein. Nichts enthält natürlich dieser Satz von irgendwelchen dogmatischen Bedingungen wie Zugehörigkeit zu einer bestimmten Kirche oder Gemeinschaft, Getauftsein, Losgesprochensein oder erklärtes Bekenntnis. Nur ganz groß und frei kann die Beurteilung des Verhaltens im Sinn des Credos gedacht werden.

*

Nun sehen wir auch deutlich den entscheidenden Unterschied zwischen dem neuen Credo und dem Wortlaut des Apostolikums. Unserem Satz entspricht im Apostolikum jener ebenfalls »eschatologische« (unter »Eschatologie« versteht die Theologie die Lehre von der Endzeit): »...von dannen er kommen wird zu richten die Lebendigen und die Toten«. Während das Apostolikum von einem Gericht zur Scheidung der Geister spricht als dem letzten Weltereignis, enthält das neue Credo jene bedeutsame Aussage vom Weltenfortgang. Dem »Schlußpunkt« des Gerichts wird ein neu anhebendes Werden gegenübergestellt. Zwar ist im Wortlaut des neuen Credo auch, wie wir gleich sehen werden, ein Weltgericht über das Verhalten der Menschheit zu finden, doch tritt Christus hier keinesfalls als der verdammende Weltenrichter vor den Blick des Glaubenden. Er offenbart sich im Gegenteil als der große Helfer, der sich mit der zu ihm stehenden Menschheit »vereint«: als der himmlische Bräutigam, wie ihn die Offenbarung Johannis schaut. Worauf zielt der »Weltenfortgang«? Auf eine verwandelte Welt, einen »neuen Himmel und eine neue Erde«. Die Offenbarung nennt diesen vorgeschauten Weltzustand »das Neue Jerusalem« (Kap. 21), das einmal, von den Höhen herab, aus der Erde entstehen soll.

Auch ohne ein Wort vom Gericht liegt ja der größte Weltenernst über unserem Satz des Credo vom Weltenfortgang. Wenn das Verhalten des Menschen solch eine Rolle spielt – wer kann da bestehen? Wird der Beitrag des Menschen genügen, um ihn der Erlösung teilhaftig und den Fortgang der Welt möglich zu machen? Den Anschluß an Christus von ganzer Seele zu suchen, wird erst recht von diesen Fragen aus zum innersten Bedürfnis und zur Lebensaufgabe des ernsten Christen.

Und was geschieht am Ende der Erdenzeit mit denjenigen, deren Verhalten der »Liebe von oben« nicht entspricht? Daß sie verdammt werden, sagt das Credo mit keinem Wort. Wohl aber liegt im Wortlaut, daß sie den Tod der Materie mitsterben müssen und am Weltenfortgang nicht beteiligt sind. Sie »kommen nicht mit«. Sterben sie endgültig? Oder bleiben sie als Seelen für einen Zeitenkreis zurück hinter dem Fortgang der Welt? Diese großen Fragen bleiben offen.

Damit hat aber das Credo noch nicht sein Ende erreicht. Es folgen dem neunten Satz die Schluß-Sätze vom heilenden Geist und von der großen Hoffnung.

Der siebente Satz des Credo lautet:

»Er wird einst sich vereinen zum Weltenfortgang mit denen, die er durch ihr Verhalten dem Tode der Materie entreißen kann.«

Der heilende Geist

Das Glaubensbekenntnis läutet die Glocken des Christentums im Dreiklang. Es hat mit dem tiefen Grundton des ersten Satzes vom väterlich waltenden Gotteswesen eingesetzt, ist dann zu den vielfältigen Aussagen von Ursprung, Erdenschicksal und Zukunftswirken Gottes des Sohnes übergegangen und wendet sich nun dem hohen Klang der letzten drei Sätze zu: denen vom göttlichen, heiligen Geist.

Aber die Bezeichnung »Heiliger Geist«, die schon im vierten Satz, im Zusammenhang mit der Geburt Jesu, auftrat, klingt am Schluß des Credo in verwandelter Gestalt auf: als »heilender Geist«. Was mag unser neu ins Wort gefaßtes Glaubensbekenntnis dazu veranlassen, gerade an dieser hervorgehobenen Stelle von dem alt-heiligen Namen »Heiliger Geist« – wenn auch scheinbar unerheblich – abzuweichen? – Es liegt ihm offenbar daran, mit der in der Geschichte des Christentums ganz neuen Fassung des Wortes auf etwas Wichtiges hinzuweisen. Diese feinen sprachlichen Unterschiede beruhen auf keinem Zufall. Sie dürfen allerdings weder gepreßt noch überbetont werden. In einem den Weltengang derart kurz zusammenfassenden Wortlaut wie dem des Credo kommt es jedoch auf jede Silbe an. Beachten wir die Feinheiten, so hauchen sie uns etwas zu, was zum Verständnis zu helfen vermag.

Stellen wir die beiden Geleitworte des Geistes »heilig« und »heilend« nebeneinander, so erkennen wir: das eine ist ein reines Eigenschaftswort und weist hin auf den »Zustand« (wenn wir einmal so sagen dürfen) des hohen Geistes. Er *ist* heilig. Das andere zeigt sich als Tätigkeitswort in der Form eines Mittelwortes und besagt, was der Geist *tut*: er heilt. Das eine Mal spricht die Bezeichnung mehr vom *Dasein* des Heiligen Geistes, das andere Mal von seiner heilenden *Tätigkeit*. Der *Heilige* Geist leitet die Geschicke im Sinne der Vorsehung – durch eine Wirkung, die das Bewußtsein der Menschen kaum berührt. Vom *heilenden* Geist wird im zehnten Satz (mit einem Tätigkeitswort) gesagt, daß er – wir kommen noch darauf zurück: im erleuchteten Bewußtsein der Menschen – *wirke*.

Emil Bock (1895–1959) war es angelegen, immer wieder darzustellen, daß es verschiedene Offenbarungen des Heiligen Geistes in der Menschheitsgeschichte gibt. Er nannte die eine die »alte«. Sie ist, von Gott dem Vater ausgehend, eine reine Gnadengabe, vom menschlichen Denken unabhängig. Ihre Führung kann nur nachträglich festgestellt und mit Ehrfurcht und Dankbarkeit aufgenommen werden. Jeder Mensch kennt sie als das oft zwar rätselhafte, aber doch weisheitsvoll ihm geschenkte und aufgetragene Schicksal. Seit Christus, vom ersten Pfingstfest an, gibt es aber auch den »neuen« Heiligen Geist, jenen, den das Credo den »heilenden« nennt.* Er ist vom Sohnesgotte auf die Erde getragen.

* Siehe u. a. das Kapitel »Heiliger Geist – heilender Geist« in dem Buch von Lic. Emil Bock »Der Kreis der Jahresfeste«, Verlag Urachhaus Stuttgart 1981.

Von hier aus verstehen wir die ausdrückliche Betonung im zehnten Satz: »Durch *ihn*« (Christus) »kann der heilende Geist wirken«. Dieser Geist ist gewiß kein anderer als der des Vaters. Christus spricht – besonders nach dem Zeugnis des Johannesevangeliums – wiederholt aus, wie restlos und ohne Einschränkung er im Auftrag und Geiste Gottes des Vaters wirke. Es ist im Sinne der Pfingst-Weihehandlung »des Vatergrundes Geist«, den er den Menschen nach seinem vollendeten Erdenleben sendet. Dieser reinste und höchste Geist wird aber der Menschheit auf *neue Art* geschenkt, und zwar als jene pulsende, tätige Kraft, die den Menschen vom innersten Zentrum aus durchgeistigt, sein Bewußtsein erweitert und erleuchtet und von der die Heilung der Welt ausgehen kann.

Durch die Zweiheit der Aussagen vom Heiligen Geist bekennt sich unser Credo zu der Erkenntnis, daß der Geist eine Gabe sowohl Gottes des Vaters wie Gottes des Sohnes darstellt. Einst hat in der Kirchengeschichte die Frage nach der Quelle des Heiligen Geistes heiße Kämpfe zwischen Ost und West heraufgeführt, da die östlichen Väter sie allein beim Vater, die westlichen bei Vater und Sohn (»filioque«) sahen. Erst Rudolf Steiners Lehre von der Bewußtseinsentwicklung der Menschheit erschließt ein neues und volles Verständnis und schlägt eine Brücke.

Noch eine Wendung haben wir besonders ins Auge zu fassen. Wollte in alten Zeiten der Mensch durch ein höheres Bewußtsein der Wirkung des Heiligen Geistes innewerden, was in bestimmten Augenblicken möglich war, so mußte er – wie wir es im Kapitel »Der vorpfingstliche Heilige Geist« darzustellen suchten – eine Entrückung erfahren. In reinster Form erklang das Engelwort der alten Offenbarung noch bei der Verkündigung an Maria (Lukas 1): »Der Heilige Geist wird über dich kommen und die Kraft des Höchsten wird dich überschatten.« Maria empfing ihren Auftrag ohne wissentliches Streben. – Der hernach durch Tod und Auferstehung Christi neu erweckte Heilige Geist »überkommt« den Menschen nicht. Jetzt ist dieser durch sein klar-nüchternes Denken und seine bewußte persönliche Hingabe beteiligt, wenn er heilenden Geist erfährt: Der Pfingstgeist erscheint als Flamme auf dem Haupte jedes einzelnen, sich seines Auftrages klarwerdenden Jüngers. Deshalb, so beginnen wir nun zu verstehen, sagt unser Wortlaut: »...*kann* der heilende Geist wirken«. Er wirkt, wenn er vom denkenden, eben im Haupte entflammten Menschen ergriffen wird. Oder mit einem andern Wort: er muß herbeigerufen werden. Dann erst kann er den Menschen mit Begeisterung erfüllen. Christus selbst nennt ihn den Parakleten, das heißt eben den »Herbeigerufenen«. Es geschieht nichts mehr »von selbst«. Der Anteil des Menschen an der Heilung der Welt wird in dem einen Wort »kann« deutlich. Paulus war dadurch Apostel, daß er den Geist-Auftrag in sich belebte und so von einer persönlichen Tat zur anderen schritt. – Damit ist mehr und weiteres gesagt als mit dem entsprechenden Satz des Apostolikums: »Ich glaube an den Heiligen Geist.« Eine tief bewegende Verantwortung ist der christlichen Menschheit anvertraut.

Wer ist nun dieser heilende Geist? Gott den Vater kann man sich im Bilde vorstellen, Gott den Sohn sehen wir sogar als Menschen in Jesus Christus vor uns. Aber der heilende Geist? Ist die dritte Person der Dreieinigkeit nur ein Begriff, eine Idee? Gegen diese Meinung schützt gerade der Name Heilender Geist. Wenn er etwas unmittelbar bewirkt, dann ist er eben mehr als eine abgezogene menschliche Vorstellung. Er ist keine Abstraktion, sondern eine Gestalt Gottes, dem Schauen wahrnehmbar geworden in der Imagination des vom Himmel herabfliegenden weißen Geistvogels, der Inspirator des höheren Wortes. Der heilende Geist ist so sehr ein Element der Zukunft, daß er eben noch nicht eine »greifbar« gewordene Gestalt angenommen hat. Er ist ja nicht etwas von Vater und Sohn Getrenntes, sondern eine dritte Art, in der Gott sich dem Menschen kundtun kann. Die Einwohnung Christi im Menschen verändert nicht nur die Substanz und den Willen, sie läutert nicht nur das Gefühl zur Liebe, sie belebt auch das Denken zur Weisheit hin, zur überpersönlichen Wahrheit, die die Welt verstehen lehrt. Ein solches christliches Denken bleibt nicht in sich beruhen, sondern strahlt aus und heilt die Welt. Göttliches strömt darin. Diese höhere Wahrheit ist die Persönlichkeit des heilenden Geistes.

*

Vom Pfingst-Ereignis her verstehen wir den Zusammenhang des achten Satzes des Glaubensbekenntnisses mit seinem neunten, dem von den Gruppen, die sich zu einer alle wahren Christen umfassenden Gemeinschaft verbinden. Der einzelne Mensch mit seinem individuellen Bewußtsein erfährt den Heiligen Geist, aber gerade die Ausbildung der freien christlichen Persönlichkeit ermöglicht erst das Zusammenspiel der Kräfte. So wie in einem Orchester jedes Mitglied *sein* Instrument und so seine Stimme erklingen lassen muß, damit eine volle Symphonie zustande komme, so wird – wie Christian Morgenstern in seinem Gedicht »...die zur Wahrheit wandern« sagt – der Mensch als demütiger »Selbst-Durchchrister« erst recht gegrüßt von »der Geschwister ewigem Bund«.

Der heilende Geist ist es, der die Kluft zwischen Mensch und Gott, aber auch zwischen Mensch und Mensch überbrückt, der den überwölbenden Sternendom über allen bildet. Im Sprachenwunder des ersten Pfingstfestes wurde dies – die Welt bewegend – zuerst erfahren; davon nahm das Christentum seinen Ausgang. Wo immer echte christliche Gemeinschaft am Werk ist, deren Glieder nicht bloß dem Namen nach Christen sind, sondern das höhere Leben Christi im Innern wirksam fühlen, sind der Keim und die Fähigkeit zur umfassenden Vereinigung aller Christen gegeben. Hier fällt im Credo das sonst nirgends im Kultus vorkommende Wort »Kirche«: Gemeinschaft aller Berufenen und ihrerseits den heilenden Geist Rufenden. Diese *eine* Kirche ist aber noch keine irdische Wirklichkeit, sie ist mit keiner Organisation gleichzusetzen, auch mit der größten, eindrucksvollsten bestehenden nicht, doch sie *lebt* im Unsichtbaren. Als heilender Geist-Impuls ist sie stets gegenwärtig. Für den Christen wird es immer mehr zum Lebenselement, diese große Vereinigung – der die Lebenden wie auch die Toten angehören – mit dem Gefühl der Nächstenliebe zu ergreifen und auf ihre Verwirklichung in der Welt hinzustreben. Er weiß sich dafür verantwortlich. Nichts, was andere Menschen ausschließt, kein geistiger Hochmut, kein Sonderbewußtsein, kein Gefühl der Auserwähltheit, kein Dogmatismus hat Platz in diesem Bekenntnis zum Ganzen des die Erde durchatmenden Christuswirkens. Kein Wunsch, erlöst zu sein ohne die Brüder, oder jemanden zu verdammen. Menschen der verschiedensten Denkart und Entwicklungsstufe, Alt und Jung, Völker und Rassen wandern im Sinne des Glaubensbekenntnisses auf ihren Wegen dem einen Ziele zu: der Heilung einer kranken Welt. Die größte Herzens-Weite liegt in diesem Ausblick des Christentums.

Dieser Satz macht deutlich, wie meilenweit weg sich – nun im besonderen – die Christengemeinschaft ihrer Anlage und ihrem täglichen Gebet nach sowohl von aller Sektiererei oder Abgesondertheit wie auch von jedem ausschließenden Konfessionalismus befindet. Sie mag zahlenmäßig zunächst so unbemerkbar klein erscheinen, wie es auch die ersten Gemeinden des Urchristentums waren. Aber sie hat weder einen Menschen noch eine Sonderlehre noch gar sich selbst im Auge, sondern eben das Schicksal der Menschheit und den Dienst an Christi Tat.

So wie die Menschenweihehandlung bei jedem Vollzuge die Anwesenden, alle auf Erden lebenden wahren Christen und alle nicht im Leibe Lebenden als Teilnehmer herbeiruft, so erklingt im Credo das volle Geläut des Glaubens an eine künftige geistgetragene Vereinigung der Menschheit in Christus. – Es ist damit im Grunde der gleiche Ton neu angeschlagen, der auch in den Worten des Apostolikums geschwungen hat vom Glauben »an eine heilige Kirche, die Gemeinschaft der Heiligen«, nur daß dieser Gemeinschaft eben alle in Freiheit angehören können. Auch mit dem Priestertum der Gläubigen ist hier ernst gemacht.

So lauten der achte und neunte Satz des Credo:
»Durch Ihn kann der heilende Geist wirken. Gemeinschaften, deren Glieder den Christus in sich fühlen, dürfen sich vereinigt fühlen in einer Kirche, der alle angehören, die die heilbringende Macht des Christus empfinden.«

Die große Hoffnung

Die menschliche Seele, ja die ganze Kultur ist ohne jene Seelenfähigkeit nicht zu denken, die wir die Hoffnung nennen. Sie beseelt den Menschen mit dem Gefühl, das ihn über Alltag und Enge emporträgt zu größerer Zukunft. Ihr Aufschwung befähigt den Menschen ebenso zum Ausharren wie zu entscheidendem Tun. Ja selbst in Trauer, Angst und Schmerzen verläßt sie ihn nicht. In der Dunkelheit ist sie es, die den ersten Schimmer künftigen Lichtes sieht. Vergebens?

Die Religion hat sie stets als eine Himmelsbotin im Bereich der Menschenseele anerkannt, welche die Ahnung einer höheren Ordnung erweckt und am Leben erhält, der wir Menschen trotz der Verstrickung in Sünde, Materie und Tod angehören. Schon im Alten Testament wird sie immer wieder angerufen, besonders einprägsam in den Psalmen: »Wohl dem, der seine Hoffnung setzt auf den Herrn« (Ps. 40, 5). Im Neuen singt vor allen andern der Apostel Paulus ihr Preislied: Wir »rühmen uns der Hoffnung der zukünftigen Herrlichkeit, die Gott geben wird« (Römerbrief 5, 2). »Bewährung bringt Hoffnung; Hoffnung aber läßt nicht zuschanden werden« (5, 4 und 5). »Seid froh in der Hoffnung, geduldig in Trübsal« (12, 12). Und im großen Hymnus auf die Liebe (1. Korinther 13) erscheint sie unter den höchsten Tugenden: »Nun aber bleibt Glaube, Hoffnung, Liebe, diese drei...«

In religiösen Kulturen wie der altrussischen wurde sie so wesenhaft erlebt, daß man sie in Menschen verkörpert sah und ihren Namen zum Eigennamen machte: Nadeshda. Aber wie sehr läuft doch gerade diese Seelenkraft Gefahr, dem Irrtum zu verfallen und Illusionen zu nähren! Wie oft haben sich Hoffnungen als falsch, eitel und trügerisch erwiesen! Der Materialismus andererseits leugnet ihren religiösen Charakter und setzt ihr lediglich erdgebundene soziale oder technische »Fortschritts«-Ziele.

Wodurch unterscheidet sich eine geistgemäß begründete von einer falschen, unbegründeten Hoffnung? Ein Wagnis der Seele wird sie immer darstellen, denn sie greift in das Ungewisse der Zukunft. Aber wann ist das Wagnis berechtigt?

Auf eine untrüglich echte Hoffnung weist unsere Sprache, wenn sie die Frau in der Zeit der Erwartung ihres Kindes als »in der Hoffnung« lebend oder als »guter Hoffnung« bezeichnet. Diese Hoffnung ist deshalb »gut«, weil sie ihre Grundlage in einer Wirklichkeit hat. Noch ist das Kind nicht geboren, aber es wächst und regt sich. Sein Werden erweckt Seelenreichtum und – Hoffnung, denn die Mutter fühlt voraus, daß ein volles Leben entsteht und sich ankündigt.

Nehmen wir diese Hoffnung als Wahrbild für jede andere, die nicht im Körperlichen, sondern im reinen Seelenbereich wurzelt: Eine Hoffnung ist dann echt und gesund, wenn sie nach dem Gesetz echten Lebens erwacht, in dem sie keimt, wächst und reift. Sie sagt dem Menschen fortwährend, daß er ein entwicklungsfähiges

Wesen, daß er in seiner Seele keineswegs fertig und versiegelt, sondern offen ist für ein höheres Werden.

Alle einzelnen Hoffnungen, die ein Mensch hegt: Gedeihen, Gesundheit, moralische Besserung, Freude, Gnade, Erlösung, Auferstehung – sie lassen sich im Grunde zusammenfassen in die *eine*, daß in der Tiefe der eigenen Seele der Keim des Geistes zu wachsen beginne, der zum höheren Menschen im Menschen führt. – Christus sprach von sich als von dem »Menschen-*Sohn*«, um damit anzudeuten, daß er diesen neuen, zukünftigen Menschen schon jetzt, im zeitlichen Bereich, vorlebe.

So zielt die Hoffnung des einzelnen auf den erneuerten, erlösten Menschen in ihm selbst. So zielt die Hoffnung der ganzen Menschheit auf die Gemeinschaft dieser künftigen Menschen, auf jene (in der vorangegangenen Betrachtung berührten) »Kirche, der alle angehören, die die heilbringende Macht des Christus empfinden«.

Alle Hoffnung hat mit Widerständen zu ringen: mit Bedenken, Zweifeln, Abirrungen, Bedrückungen. Aber sie hat an und für sich die Kraft, die lastenden Dunkelheiten zu durchbrechen wie ein keimendes, sprießendes Korn die Schollen des Ackers. Mögen in Wetter und Hagel auch manche der Samen zugrunde gehen – das Feld ergrünt und reift doch. So stehen auch der christlichen Welthoffnung Hindernisse entgegen, und zwar solche gewaltigen Ausmaßes: die Sünde mit ihren generationenlangen Folgen für Seele und Leib (»Sündenkrankheit«), die Gefahr des Ersterbens der Menschheit vor Erreichung ihres Zieles (Tod) und die der Verstrickung in das zeitliche Erdenschicksal (statt der Erhebung zur »Ewigkeit«).

Das Credo trägt dem Kampf Rechnung, in welchem die Menschheit steht. Es huldigt weder einem Pessimismus noch auch einem Optimismus. Es sieht Gottheit und Menschheit um ihre Ziele ringen. Aber es blickt dabei auf den höheren Helfer, der mit seiner Gnade von oben an diesem Ringen teilnimmt, wenn die Menschheit sich Christus zuwendet. Die Keime der Überwindung und der Unsterblichkeit sind durch Leben und Sterben Christi in die Erde gesenkt – so kann die Hoffnung als reale helfende Kraft in den Seelen zum Wachstum aufgerufen werden.

Mit einem hohen Lied auf die Menschheitszukunft klingt das Credo aus. Diejenigen, die »die heilbringende Macht des Christus empfinden«, dürfen hoffen. Das heißt: ihre Hoffnung ist weder leer noch trügerisch, sondern eben in einem sich anbahnenden Vorgang begründet. Sie dürfen auf die Überwindung der Sündenkrankheit hoffen, die sich so tief in die Natur eingefressen hat. Sodann auf das Fortbestehen des Menschenwesens über den Tod hinaus, da im Anschluß an die Auferstehung Christi eine höhere Leiblichkeit im Entstehen ist. Nicht der natürliche Leib ist unsterblich, noch auch die Seele; wohl aber das eigentliche Wesen des Menschen, sein Ich im neuen Leibe. Und schließlich dürfen sie hoffen auf ein erneuertes Leben, das von der Ewigkeit her geprägt wird. »Ewigkeit« hier nicht im Sinne einer Endlosigkeit, sondern eines neuen »Äons« der Welt, der eine höhere Stufe im Gange des Weltwerdens bedeutet. Einer neuen, durchgeistigten Erde.

Mit diesem Dreiklang, der den alten Akkord des Apostolikums von der »Vergebung der Sünden, Auferstehung des Fleisches« und einem »ewigen Leben« neu anschlägt, ergänzt und bereichert, findet das Credo seinen Abschluß.

Die Dreigliederung des Wortlautes ist unverkennbar. Die Heilung der Sündenkrankheit führt zurück zu Gott dem Vater. Die Überwindung des Todes ist die Tat Gottes des Sohnes. Das Leben der »Ewigkeit« – weist auf die Zukunftswelt Gottes des Heiligen Geistes.

Die abschließenden Sätze zehn, elf und zwölf des erneuerten Credo haben den Wortlaut:

»Sie dürfen hoffen auf die Überwindung der Sündenkrankheit,
auf das Fortbestehen des Menschenwesens
und auf ein Erhalten ihres für die Ewigkeit bestimmten Lebens. – Ja, so ist es.«

Ja, so ist es

So lautet das Schlußwort des Bekenntnisses, das hier anstelle eines Amen steht: die Selbstbestätigung der aus dem Bekenntnis erfließenden christlichen Überzeugung. In dieser Form steht sie unter den Kultusworten einzig da. Während die Menschenweihehandlung sonst ein mehrfaches »Ja, so sei es« kennt, steht das gleiche Wort hier auf dem granitenen Fundament des »Ist«. Wir erinnern uns: Das Bekenntnis der Christengemeinschaft begann nicht mit dem Worte Credo (ich glaube), sondern mit der Aussage »Ein allmächtiges ... Gotteswesen *ist*...« Dieses selbe feststellende, Sicherheit ausdrückende Wörtchen wiederholt sich nun am Schluß, nicht nur für die letzten

Sätze, sondern für das Ganze des Wortlautes gültig. Hielt sich, wie wir zu Anfang ins Auge faßten, die persönlich bekennende Überzeugung zurück, so mündet das Credo hier doch in das volle eindeutige Bekennen zu geistigen Tatsachen und zur göttlichen Wesenheit ein. Christliche Erkenntnis – so sagten wir es am Anfang – führt in Freiheit zum Bekenntnis. Davon spricht das überzeugte Schlußwort.

Der Persönlichkeit Rudolf Steiners (1861–1925), dessen umfassender Hilfe die Christengemeinschaft ihr Dasein verdankt, sei an dieser Stelle dankbar gedacht. –

»...Heut ist die Zeit gekommen, einen Schritt weiter zu machen, ein Stück erwachsener zu werden, zur Seele nun auch anzufangen den Geist, den gottbegreifenden, zu entwickeln. Das ist eine Forderung aus der geistigen, aus der Welt des Christus heraus, nicht nur die Idee irgend einer Sekte oder die Spezialmeinung irgend eines Weltbeglükkers... Das ist das Christentum, das heute ruft... Siehst du denn nicht, daß etwas Absterbendes hier durch Neues ersetzt werden muß, daß es *neue* Christenwerke gilt, da die alten nicht mehr zureichen...« Aus einem Brief von Christian Morgenstern aus dem Jahre 1913.*

* »Alles um des Menschen willen«. Gesammelte Briefe, Auswahl und Nachwort von Margareta Morgenstern. R. Piper & Co. Verlag, München.

Das Bekenntnis in der Christengemeinschaft

Ein allmächtiges geistig-physisches Gotteswesen ist der Daseinsgrund der Himmel und der Erde, das väterlich seinen Geschöpfen vorangeht.

Christus, durch den die Menschen die Wiederbelebung des ersterbenden Erdendaseins erlangen, ist zu diesem Gotteswesen wie der in Ewigkeit geborene Sohn.

In Jesus trat der Christus als Mensch in die Erdenwelt. Jesu Geburt auf Erden ist eine Wirkung des heiligen Geistes, der, um die Sündenkrankheit an dem Leiblichen der Menschheit geistig zu heilen, den Sohn der Maria zur Hülle des Christus bereitete.

Der Christus Jesus hat unter Pontius Pilatus den Kreuzestod erlitten und ist in das Grab der Erde versenkt worden.

Im Tode wurde er der Beistand der verstorbenen Seelen, die ihr göttliches Sein verloren hatten; dann überwand er den Tod nach dreien Tagen.

Er ist seit dieser Zeit der Herr der Himmelskräfte auf Erden und lebt als der Vollführer der väterlichen Taten des Weltengrundes.

Er wird einst sich vereinen zum Weltenfortgang mit

denen, die Er durch ihr Verhalten dem Tode der Materie entreißen kann.

Durch ihn kann der heilende Geist wirken.

Gemeinschaften, deren Glieder den Christus in sich fühlen, dürfen sich vereinigt fühlen in einer Kirche, der alle angehören, die die heilbringende Macht des Christus empfinden;

sie dürfen hoffen auf die Überwindung der Sündenkrankheit

auf das Fortbestehen des Menschenwesens

und auf ein Erhalten ihres für die Ewigkeit bestimmten Lebens. –

Ja, so ist es.